# 浄土真宗ではなぜ「清めの塩」を出さないのか

## 知っておきたい七大宗派のしきたり



向谷匡史

青春新書
INTELLIGENCE

# はじめに──七大宗派を知ることは〝日本人〟を知ること

仏教は難解である。

僧籍を持ち、仏教を説く立場にある私でさえ、正直一筋縄ではいかない。むしろ、僧籍を得てから十余年を経過し、仏教を知ろうとすればするほど、その知は遠ざかっているようにさえ感じる。まして、葬式のときぐらいしか仏教に縁のない読者諸賢に「仏教に深く興味を持ってください」というのには無理がある。

考えてみれば当然である。「八万四千《はちまんしせん》の法門」といわれる釈迦《しゃか》の教えを一つひとつ理解しようとするのが、そもそも無理な話なのだ。八万四千とは実数のことではなく、「多数」とか「無数」を仏教では意味する。つまり、浜の真砂《まさご》を数えるほどの無謀な努力──それが仏教を学ぶということではないか。

そこで私は僧侶としてではなく〝物書き〟の立場から、仏教、とりわけ日本における七大宗派について考えてみた。物書きの立場とは、読者と同じ立ち位置で、仏教にまつわる身近なものごとを入り口にして、各宗派の成り立ちや教えをエピソードを交えながら掘り下げていくスタイルである。

たとえば、僧侶といってまず頭に浮かぶのは剃髪《ていはつ》、いわゆる坊主頭である。ところが、浄土真宗の僧侶は、親鸞《しんらん》の時代から剃髪しなくてもよかった。あるいは袈裟《けさ》を掛けていればひと目で僧侶とわかるが、よく見ると宗派によってかなりの違いがある。こんなところにも、それぞれの成り立ちや考え方の違いが垣間見られるものだ。

本書は、大人の教養として知っておきたい日本仏教の基礎知識を、できる限り難解な概念や表現を使わず、気軽に読める本に仕上げたつもりである。仏教が少しでも身近なものとなり、法事などでお寺さんとの距離感が近くなってくれれば望外の喜びである。

なお、本書で紹介する宗派の順序は、『宗教年鑑』（平成二十八年版／文化庁文化部宗務課）をもとに信者数の多い順とした。ただ宗派によって、宗派単独の信者数、同系統の宗派をまとめた信者数など、独自の視点で数えた。そもそも信者数や寺院数によって宗派の価値判断ができるものではないので、興味の赴《おもむ》くままにご覧いただければよいだろう。

ただし、紙数の関係もあり、同系統の宗派すべてに言及しているわけではないことをご了承いただきたい。

また、仏事や葬送のしきたりなどは、地域の風習によって異なる場合もある。たとえば浄土真宗では仏壇に位牌を用いないことになっているが、地域によっては用いているところもあるようだ。基本的に本書では各宗派の教義にしたがって執筆した。この点もお含みおきいただければ幸いである。

本書執筆にあたり、編集の労をとっていただいた江渕眞人氏、小松卓郎氏にはひとかたならぬお世話になった。心からお礼申し上げる。

二〇一七年七月

向谷匡史

# 浄土真宗ではなぜ「清めの塩」を出さないのか〜知っておきたい七大宗派のしきたり　目次

第二章

## 真言宗の「お遍路」が一般に広まった理由は？

## 第四章　現在の「お葬式」が曹洞宗から始まった経緯とは？

## 第五章　日蓮宗ではなぜ「南無妙法蓮華経」の題目をとなえるのか？

第六章　天台宗が「仏教の総合大学」といわれる理由は？

## 第七章　臨済宗ではなぜ「禅問答」を重視するのか？

編集協力／拓人社
江渕眞人
DTP／エヌケイクルー

# 第一章　浄土真宗ではなぜ「清めの塩」を出さないのか？

## 浄土真宗の僧侶はなぜ髪を剃らなくてもいいのか

僧侶は剃髪《ていはつ》と思われている。ところが葬儀や法事などで、頭髪を伸ばした僧侶が読経《どきょう》していることがある。多くは浄土真宗の僧侶だ。剃髪に対して、有髪《うはつ》（蓄髪《ちくはつ》）という。浄土宗や日蓮宗にも有髪の僧侶はいるが、これは明治五年（一八七二）、政府が発布した太政《だじょう》官《かん》布告第一三三号――「今より僧侶の肉食《にくじき》妻帯蓄髪は勝手たるべき事」という法令にもとづき容認されたからだが、浄土真宗の有髪はそれとは異なり、教義に関わっている。

そもそも僧侶の剃髪は、釈迦《しゃか》に倣ってのものだ。古代インドでは剃髪は恥辱《ちじょく》とされ、重罪人は刑罰の一つとして頭髪を剃り落とすことで社会から放逐した。釈迦は出家するに際し、剃髪によって世俗とのつながりを断ち切ったのである。剃髪は、さとりを得るため修行の妨げになる一切を捨て去った釈迦の、決意の象徴といっていいだろう。だから慣例として、僧侶は出家するときに頭を丸める。

浄土真宗においても、僧侶になるための得度《とくど》式は剃髪して臨むが、その後は頭髪を伸ばしてもかまわない。これは、宗祖《しゅうそ》である親鸞《しんらん》（一一七三〜一二六三）が流刑地《るけいち》の越後（新潟県）で宣言した「非僧非俗」という生き方と、阿弥陀仏《あみだぶつ》による「一切衆生《いっさいしゅじょう》の救済」という教義にもとづく。

では、親鸞はなぜ有髪に至ったのか。

親鸞は九歳にして天台宗青蓮院《しょうれんいん》（京都市東山区）で剃髪、出家した。その後、天台僧として二十年間、比叡山《ひえいざん》で厳しい修行に明け暮れるが、女性に対する性的な欲望など煩悩《ぼんのう》を断ち切ることができず、懊悩《おうのう》。出家仏教ではさとりは開けないとして、親鸞は決然と比叡山をおり、法然《ほうねん》（浄土宗の宗祖。一一三三〜一二一二）の門を叩く。法然は、出家・在家の区別なく、「南無阿弥陀仏《なむあみだぶつ》」という念仏をとなえることによってすべての人が救われるという専修《せんじゅ》念仏を説いて、京都の民衆の心をつかんでいた。「妻帯することで念仏がとなえられるなら妻帯すればよい。妻帯が念仏の妨げになるなら出家してとなえればよい」とし、念仏をとなえることこそ大事であるとした。

専修念仏こそ唯一の救いの道であると確信した親鸞は、法然の弟子となる一方、教えを実践して肉食妻帯。八百年前の鎌倉時代、僧侶の戒律は厳しく、肉食妻帯する者など、ただの一人としていなかった。「破戒《はかい》坊主」として悪口雑言《あっこうぞうごん》が親鸞に浴びせかけられ、建永《けんえい》二年（一二〇七）に朝廷から専修念仏停止《ちょうじ》令が下る。親鸞は僧籍を剥奪されて越後に流されるのだった。

流刑の地で親鸞は「愚禿釈《ぐとくしゃく》親鸞」と名乗る。「禿」とは剃髪していないさまのことで、仏弟子（仏教徒）として遵守《じゅんしゅ》すべき規則（戒律《かいりつ》）を守らない破戒・無戒を意味する。「僧籍を剥奪されたのだから僧ではない、しかし求道者《ぐどうしゃ》である限り俗人でもない」とし、「非僧非俗」という独自の立場から念仏の教えを説く。愚かな破戒者であっても、阿弥陀仏は救ってくれるということを有髪姿で身をもって示し、在家仏教の道を究めたのである。

浄土真宗の僧侶は宗祖の親鸞に倣《なら》い、有髪姿によって「阿弥陀仏の救いにおいては、戒律を守ることが信仰の価値を決めるものではない」ということを知らしめているといえるだろう。

また、浄土真宗だけは宗祖親鸞が妻帯していたことから、世襲が認められていた。紹介する七宗派のなかで世襲制をとっているのは浄土真宗だけで、これは有髪と同様、その歴史において妻帯を禁じずとした歴史的背景があり、〝在家仏教〟の特徴の一つでもある。

## 「南無阿弥陀仏」に込められた深い意味とは

「南無阿弥陀仏《なむあみだぶつ》」（浄土真宗本願寺派では「なもあみだぶつ」と発音する）は、古代インドのサンスクリット語（梵語《ぼんご》）を漢語に音写したものだ。「南無」は「ナマス＝心から信じ、よりどころとする。帰依《きえ》する」、「阿弥陀仏」は「アミターユス＝限りない命を持つ仏」、あるいは「アミターバ＝はかりしれない光明（智慧《ちえ》の光）を持つ仏」という意味だ。したがって「南無阿弥陀仏」ととなえる念仏は、「私はあなた方を必ず救い摂《と》る」という阿弥陀仏の誓願に対して、「ありがとうございます。すべてをおまかせします」という報恩感謝であって、祈願の言葉や呪文ではない。ここに浄土真宗の特徴がある。

報恩感謝とは、「念仏をとなえることによって阿弥陀仏に救われる」という意味の感謝ではなく、「阿弥陀仏にすでに救われているから、感謝の気持ちが念仏となって口をついて出る」という意味だ。前者は「念仏をとなえる＝救済」になることから、自分の力をたのみにするため、「自力の念仏」として浄土真宗では否定し、後者は「阿弥陀仏のはたらき＝他力《たりき》」によって発せられることから「他力の念仏」となり、真の念仏とする。

親鸞は阿弥陀仏の誓願に対して、「仏願の生起本末《しょうきほんまつ》を聞きて疑心あることなし、これを聞《もん》といふなり」と主著『教行信証《きょうぎょうしんしょう》』に記す。阿弥陀仏の誓願に対して「疑心なき心」というところが教義のポイントで、阿弥陀仏の救済を「信じる」「信じない」「疑う」「疑わない」は、判断の主体があくまで自分にある。これに対して、「疑心なき心」は自分の判断を超越し、阿弥陀仏の誓いをありのままに受け容れるということから報恩感謝の念仏となっていくというわけだ。

浄土教系の宗派では「南無阿弥陀仏」という念仏をとなえ、文字にしたものを「名号《みょうごう》」と呼ぶ。「南無阿弥陀仏」は六文字からなるため「六字名号」と呼ぶ。このほかに「南無不可思議光如来《ふかしぎこうにょらい》」の九字名号、「帰命尽十方無碍光如来《きみょうじんじっぽうむげこうにょらい》」の十字名号がある。「不可思議光如来」「尽十方無碍光如来」は、ともに阿弥陀仏の別称である。

## 「戒名」といわず「法名」と呼ぶのはなぜ

戒名《かいみょう》とは、遵守すべき戒を受け（受戒）、仏門に入った者が授けられる名前のことだ。

戒とは、一「不殺生戒《ふせっしょうかい》（生き物を殺さない）」、二「不邪淫戒《ふじゃいんかい》（乱れた性関係を持たない）」、三「不偸盗戒《ふちゅうとうかい》（ものを盗まない）」、四「不妄語戒《ふもうごかい》（嘘をつかない）」、五「不飲酒戒《ふおんじゅかい》（酒を飲まない）」――といった五戒を基本とし、仏教徒としてよりよく生きるための規範とする。

しかし、浄土真宗は「どんな戒も、一つとして守ることのできない煩悩にまみれた私」という自覚に立って、「戒を守ることが難しい凡夫《ぼんぷ》であっても、阿弥陀仏の救いによって浄土往生（阿弥陀仏がつくった極楽浄土で仏に生まれ変わること）が約束されている」と教えるため、受戒を必要としない。したがって「戒名」は存在せず、戒名に相当する仏名を「法名《ほうみょう》」と呼び、他宗派でいう授戒会《じゅかいえ》（仏弟子となる儀式）を、「帰敬式《ききょうしき》」という。帰敬式は「おかみそり」とも呼ばれ、親鸞が九歳のときに受けた得度式に倣って、導師である本山《ほんざん》住職が、儀式を受ける者に対して頭髪を剃る作法を行い、法名が授けられる。

浄土真宗の法名は、通常「釈〇〇」の三文字である。「釈」は釈迦の弟子であることを示す。他宗のように「居士《こじ》」「大姉《だいし》」「信士《しんじ》」「信女《しんにょ》」などの位号はつけない。浄土真宗の教えは、社会的地位や修行の度合いによって死後の「位」が定まるのではなく、信心一つで等しく浄土に生まれるとするため、法名以外に「霊位」や「位」の字をつけることもしない。ただし、仏法をひろめ、宗門護持に尽くすなど教団や寺院に特別に貢献した人に対しては、功績を讃えるため院号が贈られることがある。ちなみに法名は音読みである。たとえば私の場合は本名の「匡史《ただし》」を使い、「釈匡史《しゃくきょうし》」と呼ぶ。

現代では、法名は葬儀のときに授かることが多いが、本来は生前に帰敬式に参加して仏弟子として生きていくことを誓い、授かるものだ。他宗派で戒名を授かる場合も、生前に授かるのが本来の姿である。

## 故人は〝草葉の陰〟からは見守っていない？

弔辞や、故人との「お別れの会」などの挨拶で、「草葉《くさば》の陰から見守っている」といった言葉をよく耳にする。「草葉の陰」とは、「草の葉の下」の意からお墓のことをいうが、浄土真宗ではこの言葉を用いない。理由は「すべての人は亡くなると同時に、阿弥陀仏が建立《こんりゅう》した極楽浄土で仏に生まれ変わり（浄土往生）、人々を仏の教えに導く存在になる」とするからだ。お墓に先祖が宿っていない以上、「草葉の陰」から見守ることはあり得ないことになる。同様の理由から、浄土真宗では、原則として霊が宿るとする位牌はなく、代わりに死亡年月日と法名を記した法名軸（掛軸）を用いる（後述）。

浄土真宗にとってお墓は、阿弥陀仏のはたらきによって浄土往生させていただいた先祖の徳を偲《しの》ぶためのよりどころであり、仏縁に出会う場である。墓前に手を合わせる対象は、先祖ではなく阿弥陀仏であるため、お墓の正面に刻む文字は「〇〇家之墓」とせず、名号の「南無阿弥陀仏」か、「倶会一処《くえいっしょ》」が一般的だ。倶会一処は「倶《とも》に一つの処《ところ》で会う」（浄土でともに会える）という意味で、浄土真宗が根本経典とする浄土三部経（『無量寿経《むりょうじゅきょう》』『観無量寿経《かんむりょうじゅきょう》』『阿弥陀経《あみだきょう》』）の一つ、『阿弥陀経』から引かれた仏語である。

ちなみに『阿弥陀経』で説く極楽浄土は「七種類の宝石でできた池があり、八つの功徳を持った水で満たされている。常に音楽が流れ、池には色とりどりの蓮華《れんげ》がよい香りを漂わせている……」と絢爛《けんらん》豪華な様子が描かれている。

だが、先祖は絢爛豪華な極楽浄土で安穏と暮らしているわけではない。浄土に往生した先祖は仏となって、迷いのこの世間（穢土《えど》＝現世）にはたらきかけるとする。つまり、浄土と穢土の間を往き来する。「往相《おうそう》」は穢土から浄土に往くさま、「還相《げんそう》」は浄土から穢土へ還《かえ》るさまをいう。往相・還相は「草葉の陰から見守る」という考え方の対極にあって、浄土真宗の重要な教義の一つとなっている。

## 『般若心経』をとなえないのはなぜか

『般若心経《はんにゃしんぎょう》』は、日本人に最も知られたお経だ。全六百巻から成る『大般若経』のエッセンスがわずか二六二文字にまとめられたもので、正式名称は『摩可般若波羅蜜多心経《まかはんにゃはらみたしんぎょう》』という。お経の内容を知らない人でも、「色即是空《しきそくぜくう》　空即是色《くうそくぜしき》」といった文言は耳目《じもく》にしているだろう。ほどよい文字数であることから、写経の対象ともなっている。

ところが浄土真宗では『般若心経』はとなえない。写経もしない。一切用いることをしない。なぜなら『般若心経』は、修行によって〝空《くう》〟の境地となり、さとりに至る方法を説いたものであるからだ。〝空〟の境地とは、執着心を捨て去り、こだわりのない心のことで、これによってすべての苦悩から解放されるとする。つまり修行という「自力」によってさとりを得ることを説いたお経であり、浄土真宗の教義の根幹をなす「他力本願《ほんがん》」にそぐわないからである。

浄土真宗は、私たちはどんなに修行を積んでも煩悩を断ち切ることはできない凡夫であり、さとりに至る方法は唯一、阿弥陀仏の救いの力にたのむしかないと教える。これが他力本願である。

他力本願は、一般に「他人の力をあてにする」「運まかせで自分では何もしない」というネガティブな意味で用いられることがあるが、これは誤用。「他力」は仏教語で「人々をさとりに導く仏のはたらき（力）」のことを指し、親鸞は「他力とは如来の本願力なり」と説く。「本願」とは「すべての人々を浄土に生まれ変わらせようとする誓願（誓い）」のことで、他力本願とは「阿弥陀仏の〝本願の力〟によって成仏する」という意味になる。

努力を善とする社会的価値観から、「自力」のほうが「他力」より価値があるように思われるが、浄土真宗ではこれを否定し、自分の力でさとりが開けると考えるのは凡夫の驕《おご》りにすぎないとする。

親鸞の師である法然は他力について、「阿弥陀仏の救いを信じて念仏をとなえるだけでよい」とするのに対して、親鸞は「あらゆる人々を救いたいという阿弥陀仏の本願は、となえやすいように念仏を与え、念仏をとなえる者すべてを浄土に往生させようという約束である。阿弥陀仏の大慈悲による本願力に助けられて往生できると信じ、念仏をとなえるのも阿弥陀仏の本願力によると思えば、少しも自らのはからいがまじらないゆえに、本願力によって浄土に往生する」と説く。

つまり親鸞は、念仏をとなえる主体は自分ではあるが、それは阿弥陀仏の本願力が自分にはたらいていているからであるとし、法然の「他力」に対して、親鸞のそれは「絶対他力」とも呼ばれる。

## 「悪人正機」――悪人こそが救われる、の真意

浄土真宗における教義の要《かなめ》の一つが「悪人正機《あくにんしょうき》」説だ。親鸞の言葉を伝える『歎異抄《たんにしょう》』の一節に、次のように記される。

「善人なほもつて往生をとぐ。いはんや悪人をや。しかるを世のひとつねにいはく、『悪人なほ往生す。いかにいはんや善人をや』」（善人でさえ往生できるのだから、悪人が往生できるのはなおさらのことである。ところが世間の人はその逆で、「悪人でさえ極楽浄土に往生するのだから、まして善人はいうまでもない」という）

一般常識では、「悪人でさえ浄土往生できるのだから、善人ができるのは当然である」と考える。ところが親鸞は「善人でさえ浄土往生できるのだから、悪人ができるのは当然である」と真逆を説く。『歎異抄』は全編が逆説に満ちており、一般常識を〝世俗の理屈〟とするなら、親鸞の教説は〝宗教的本義〟ということになる。

親鸞がいう「悪人」とは「悪事をはたらく人間」の意ではなく、私たち自身である。「煩悩具足《ぐそく》」（煩悩が具《そな》わっていること）の私たちは、どんな修行を実践しようとも自力では迷いの世界から離れることはできず、阿弥陀仏はそれを憐れんで本願を起こした。したがって「阿弥陀仏の本願＝他力」にたのむ私たち「悪人」こそ、救いの目当てであるとする。

一方、「善人」とは、修行などによって善を積むことで極楽浄土に往生しようとする人間のことをいう。阿弥陀仏の本願に背を向け、自分の力をたのみにする。そんな傲慢な人間でさえ仏は救い摂るのだから、「悪人」が救われるのは当然である――というのが親鸞の説く「悪人正機」説なのである。

『歎異抄』が成立したのは親鸞の没後三十年、約七百年前の鎌倉時代中期。親鸞の著作ではなく、関東での布教時代に長く親鸞に仕えた門弟の唯円《ゆいえん》（一二二二～一二八九）が書いたとされている。親鸞没後しばらくして、「誰でも往生できるのだから悪事をはたらいてもかまわない」といった異説が関東を中心に横行しはじめた。唯円はこれを嘆き、親鸞の言動を思い起こして著したのが『歎異抄』――すなわち「異説を嘆く書」である。全十八章から成り、十章までが唯円が親鸞から直接聞いた言葉、十一章以降が親鸞の教えを唯円が解説している。

## 浄土真宗では「冥福を祈る」とは決していわない？

「冥福《めいふく》を祈る」という言葉は、慣用句のようになっているため、その意味を正しく理解している人は少ないのではないか。「冥福を祈る」とは、「冥土《めいど》（死後の世界）での幸福を祈る」

という意味だ。

他宗派では、故人は成仏を目指し、亡くなったその日から四十九日間にわたって「冥土の旅＝死出の旅」に出ると説く。この期間を「中陰《ちゅういん》」といい、故人は生前の行いによって七日ごとに閻魔《えんま》大王の裁きを受け、最後の七回目の裁きで輪廻《りんね》する場所（生まれ変わる世界）が決まるとする。そのため遺族は、四十九日の中陰法要まで喪に服し、故人の冥福（成仏）を祈るわけだ。

しかし、「即得往生《そくとくおうじょう》」を説く浄土真宗では、この言葉は用いない。即得往生とは、「死後、ただちに極楽浄土に生まれ変わり、仏になる」という教えであるため、冥福を祈らないのではなく、冥福を祈る必要がないとする。浄土真宗においても、初七日から始まって四十九日法要まで営むが、これは冥福を祈るためのものではない。故人の遺徳を偲び、法要をご縁として仏の教えを聞き、阿弥陀仏の恩に感謝する機会とする。「冥福を祈る」は慣用句ではなく、宗派の教義に関わるものなので、公共放送のＮＨＫではこの言葉は用いず、原則として「追悼（哀悼）の意を表する」としている。

このことから、香典の表書きも浄土真宗は他宗派とは違ってくる。一般的に葬儀では「御霊前」、四十九日法要の中陰明け以降は「御仏前」とするが、浄土真宗では葬儀のときには故人はすでに即得往生しているとするため、「霊」は用いず、「御仏前」「御香資《ごこうし》」「御供《おそなえ》」などと表書きする。

死後の即得往生を説く浄土真宗では、一般的に仏事で使っている言葉でも、ふさわしくないとされるものがある。以下、言い換えの例である。

・草葉の陰↓浄土、み仏の国
・御霊、魂↓故人
・御霊前↓御仏前
・回向《えこう》する↓おつとめする
・おかくれになる、他界、旅立つ↓浄土に往生する
・永眠、安らかに眠る↓浄土から見守り導く
・冥福を祈ります↓お悔やみ申し上げます、追悼（哀悼）の意を表します
・追善供養↓追悼法要
・祈る↓念ずる

## 葬儀でなぜ「清めの塩」を出さないのか

会葬礼状に「清めの塩」の小袋が添えてあることが少なくない。通夜や葬儀から帰宅した際、家のなかに穢《けが》れを持ち込まないように玄関先で身体にかけて清める。これはもともと神道の習俗であって、仏教では死を穢れとしないため「清めの塩」は不要のものだが、神仏習合という歴史的経緯から神道の習俗が入っている。

神仏習合とは、日本土着の神道と、外来宗教の仏教が混淆《こんこう》し、一つの信仰体系として再構成（習合）された宗教現象で、奈良時代に始まる。寺院に神がまつられたり、神社に附属する寺院（神宮寺）が建てられるなど、明治以前においては神社と寺院の区別は必ずしも明確ではない。

そのため、仏教にはさまざまなかたちで神道の習俗が入り込む一方、各地域の民間信仰による風習や迷信が加わる場合もあり、葬儀のしきたりは多様だ。

いくつか例を挙げれば、「枕飾り」として供える一膳飯とそれに突き立てる一本箸、枕元に逆さ立てにする屏風《びょうぶ》、掛布団の上に置かれた魔除けの守り刀、冥土の旅支度としての「死装束《しにしょうぞく》」、さらに三途《さんず》の川の渡り賃として「六文銭」を持たせたりすることがよく知られている。

しかし、阿弥陀仏のみに帰依する浄土真宗は仏教とは無縁の習俗や習慣を否定するため、こうした儀式を一切行わない。「清めの塩」も同様で、仏教宗派の多くは葬儀の慣習としてこれを容認しているが、浄土真宗は仏教にそぐわないとして反対。近年は、他宗派の葬儀でも廃止する傾向にあるとされる。

親鸞は神仏習合が当たり前の時代にあってさえ、「神祇不拝《じんぎふはい》＝神を拝まない」を説いた。この教えから、浄土真宗は家庭に神棚をまつらない。もし神棚がある場合でも、他宗派のように、満中陰《まんちゅういん》（中陰明け＝死亡日から四十九日目）まで神棚の正面に白い紙を貼るといった「神棚封じ」のしきたりは行わない。

このように、葬儀や法事において、浄土真宗は習俗や習慣、しきたりに一切とらわれないことから「門徒もの知らず」と揶揄《やゆ》されることがあったが、それは「門徒もの忌《い》み知らず」――すなわち、迷信俗信にとらわれない浄土真宗の門徒の生き方を示した言葉が誤って伝わったものだとされる。

葬儀において「清めの塩」を出さないのは、浄土真宗にとっては単なる儀式的な問題ではなく、教義に関わる深い意味を持っているのだ。

## 僧侶が遺体に手を合わせない意味

通夜や葬儀で、遺体に手を合わせるのは当然のことと思いがちだが、そうではない。とくに浄土真宗では、手を合わせる対象は阿弥陀仏であって遺体ではない。これは導師も同じ。葬儀会館などで行われる場合、祭壇中央の遺体に合掌礼拝しているように見えるが、浄土真宗の僧侶は遺体の上方に置かれた本尊に向かって読経しているのだ。このことは自宅での葬儀を見ればよくわかる。導師は布団に横たえた遺体にではなく、仏壇（本尊）に手を合わせて読経している。

さらに、納棺に際しては、「南無阿弥陀仏」と紙に書かれた納棺尊号《のうかんそんごう》（棺書《かんじょ》）を棺の蓋《ふた》に貼るか、遺体の上に置く。導師が棺に手を合わせるのは納棺尊号に対してであって、遺体に対してではない。すでに説明してきたように、「即得往生」を説く浄土真宗では、念仏者は臨終と同時に阿弥陀仏によって浄土に生まれるとするため、葬儀は仏徳を讃嘆し、故人を偲びつつ、報謝のまことをささげる儀式となる。

「某《それがし》親鸞　閉眼せば、賀茂河《かもがわ》にいれて魚にあたふべし」

とは、親鸞の遺誡《いかい》（子孫のために遺しておく戒め）として伝わるもので、親鸞の曾孫にあたる本願寺三世覚如《かくにょ》（一二七〇～一三五一）が著書『改邪鈔《がいじゃしょう》』において記している。直訳すれば「私が死んだら、その亡骸は賀茂川に流して魚たちのエサにしなさい」となり、この一文だけ読めば「死ねば人間はゴミになる」といったことを述べていると誤解されやすいが、そうではない。

覚如は親鸞の遺誡に続けて、

「これすなはちこの肉身を軽んじて仏法の信心を本《もと》とすべきよしをあらはしましますゆゑなり。これをもつておもふに、いよいよ喪葬を一大事とすべきにあらず。もつとも停止すべし」

と説く。意訳すれば、人間の死という厳しい現実の姿を通して、真実の教え、仏法に目覚めていくことが大事であって、「喪葬を一大事とすべきにあらず」——すなわち、亡骸にとらわれてはいけないとする。「魚にあたふべし」は、親鸞一流の逆説的表現といってよい。

## 仏壇に位牌を置かないのはなぜ

位牌は「霊が宿る場所」であり、仏壇はそれを安置することから「先祖をまつるところ」と一般に認識されている。しかし、浄土真宗では、亡くなると同時に極楽浄土に生まれ変わり、仏になるという「即得往生」を教義とするため、霊の存在は認めない。したがって位牌を用いないのはもちろん、仏壇に置くことも当然しない。仏壇は本尊の阿弥陀仏をまつるところであり、仏壇に向かって合掌礼拝する対象は故人や先祖ではなく、本尊であることはすでに記したとおりだ。

位牌は中国後漢時代、儒教の葬礼に用いられていたものだ。故人の生前の官位や姓名を書いて神霊に供えた。仏教とは無関係の習わしで、渡来した中国僧が日本に持ち込み、日本古来の習俗である先祖供養と重なって位牌が仏教に取り入れられるようになった。位牌を用いない浄土真宗では、法名軸（法名を小さな掛け軸にした軸）を仏壇内部の側面に掛けるか、過去帳に法名を記入して保管する。

家庭に置く仏壇を「お内仏《ないぶつ》」といい、この呼び名は浄土真宗から起こったものとされる。浄土真宗では他宗派に先駆け、早くから仏壇が一般家庭で用いられている。室町時代、「中興の祖」である本願寺八世蓮如は、門徒に「南無阿弥陀仏」と書かれた掛け軸（本尊）を授け、仏壇にまつることを奨励した。

当時の仏壇は、床の間に本尊を掛け、香炉を荘厳《しょうごん》（飾り）しただけの質素なものだった。やがて本山を真似て、きらびやかな金仏壇になっていく。現在のような固定式の箱形仏壇となったのは江戸中期で、各宗派とも当初は金仏壇を使用していたが、次第に各宗派の特徴を出すために唐木《からき》仏壇を安置するようになっていく。

仏壇を荘厳するのは、仏壇を極楽浄土に見立てているからだ。仏前に合掌すると、「南無阿弥陀仏」ととなえる称名《しょうみょう》念仏が自然と盛んになる。ここに仏壇を置く意味があり、仏壇は死者のためではなく、生きている私たちのためにあると浄土真宗では考える。家族に亡くなった人がいなくても仏壇の安置を勧めるのは、そういう理由による。

浄土真宗において仏壇は長い歴史を持ち、阿弥陀仏に報恩感謝の念仏をする場所として今日に至っているが、特徴の一つは、仏壇は信心（信仰）にとって必須のものではないとすることだ。「霊が宿る」と考えないため、仏壇があるなしにかかわらず、「南無阿弥陀仏」と念仏するところにおいて信仰生活は成り立つとする。

位牌を用いないことでもわかるように、霊を否定する教義から、浄土真宗の寺院を「菩提寺《ぼだいじ》」とは呼ばない。菩提とは「死後の冥福」のことで、菩提寺は「死後の冥福を祈る寺院」という意味になる。すでに紹介したように浄土真宗は冥福を祈らないため、菩提寺とはならない。また、祈願・祈祷を否定しているので「祈願寺」でもない。浄土真宗の寺院は、縁ある人に、教え・仏法をお手次《てつ》ぎする寺であるという意味から「手次寺《てつぎでら》」と呼ばれる。

## 線香は立てずに「折って寝かせる」理由

お香には「抹香」と「線香」がある。抹香というのは、葬儀や法事のときなど焼香に用いるものといえばおわかりだろう。線香は日常のおつとめに使うが、線香を香炉の大きさに合わせ、二つか三つ折りにして寝かせる人がいれば、それは浄土真宗の門徒か僧侶である。「線香は立てるもの」というのは思い込みにすぎず、寝かせて用いる宗派もあるのだ。

では、なぜ線香を寝かせるのか。本来、仏教の伝統的なお香の作法は焼香である。ところが、焼香したときにわかるとおり、指でひとつまみした抹香は、すぐに燃え尽きて香りが去ってしまう。そこで考え出されたのが「燃香《ねんこう》」という方法で、大きな香炉の灰に上に「コ」の字を交互に組み合わせた形で抹香を線状に並べ、端から火を点じると、導火線の要領でゆっくりと燃え移っていく。こうすれば薫香《くんこう》が長い時間漂うことになる。

ところが、江戸時代初期になって線香が考案される。燃香のように抹香を並べる必要がなく、簡便さが重宝がられて燃香に取って代わることになった。お香は横に寝かせて用いるのが本来的な形であることから、浄土真宗はこの伝統を受け継ぎ、現在に至るまで線香は立てないで寝かせて用いているというわけだ。

浄土真宗本願寺派（西本願寺）の焼香作法は、香をつまむのは一回だ。真宗大谷派（東本願寺）は二回だが、東西両本願寺とも、つまんだ香を額《ひたい》の前におしいただくことはせず、そのまま香炉に落とす。真言宗などのように三回おしいただく作法とくらべると、まごころがこもっていないような素っ気ない印象を与える。

だが、焼香は、ことに本願寺派の場合、教義にかかわってくることだ。「焼香三回」の宗派では、いただく一回目は仏、二回目は先祖、三回目は仏事を営んでいる亡き人に向けるという意味を説いたりする。だが、浄土真宗では即得往生で極楽浄土に救い摂られているので、あちこちに向ける必要がないとする。

浄土真宗各宗派は額におしいただくことはしないが、回数は異なっている。本願寺派は一回、真宗大谷派は二回、さらに真宗高田派は三回、真宗興正派《こうしょうは》も三回（一回でもよい）となっているなど、回数はそれぞれ作法の問題であって、仏法の見地から回数自体に重要な意味を持たないと考えられる。

教義にかかわるのは、「額におしいただく」という所作だ。浄土真宗では、焼香に際してはおしいただかないが、経本を開くとき、あるいは僧侶が袈裟《けさ》類を着用する場合は必ずおしいただく。ところが、焼香と同様、花や仏飯《ぶっぱん》を供えるときはいただかない。この所作が、先に触れたようにまごころがこもっていないように見えるわけだが、実は、この「まごころ」を浄土真宗では問題にする。

他宗で、なぜ香をいただくのかといえば、まごころを込めるからだ。ところが浄土真宗は「私の心は汚されている」という自覚から出発する。「悪人正機」で説明したように、「煩悩にまみれ、自力では往生できない私たち凡夫を阿弥陀仏が救ってくれる」というわけだ。「悪人」の自覚から、故人（仏）に供える香や花、仏飯にまごころを込めることはしないし、できないとする。だから、いただかない。一方、経本や袈裟類は仏の側のものであるため、いただくというわけだ。

浄土真宗における「いただく」という所作には、こうした意味が込められている。

## 親鸞は弟子が一人もいなかったって本当?

浄土真宗は日本の最大宗派だが、それは本願寺八世蓮如が現れてのちのことだ。念仏による救済を説くことに生涯をかけた親鸞には、開宗も、寺院化する考えもなかった。したがって「弟子を持つ」という観念がなく、親鸞の教えを受け継ぐ浄土真宗の僧侶は、現在に至るまで子弟関係というものは存在しない。

「私は弟子を一人も持たない」という親鸞の言葉は、『口伝鈔《くでんしょう》』に出てくる。『口伝鈔』は、親鸞の曾孫にあたる本願寺三世覚如の著作で、親鸞の孫にあたる如信《にょしん》（本願寺二世）より口授《こうじゅ》された教義を記したことから、この名がつけられた。

愛弟子の信楽房《しんぎょうぼう》が異説を唱え、親鸞を裏切ったときのことだ。弟子たちが口々に信楽房を非難するのを制して、親鸞は決然という。

「親鸞は弟子一人《いちにん》も持たず、何事を教えて弟子といふべきぞや。みな如来の御弟子なれば、みなともに同行《どうぎょう》なり」

ともに阿弥陀仏の願いによって極楽浄土へ救われていく仲間——すなわち「同行」であるといったのだ。親鸞が救い主であれば、「救う側」「救われる側」という子弟関係が成立するが、親鸞自身もまた阿弥陀仏に救われていく身である。だから念仏に帰依する者同士は子弟関係ではなく、仲間ということになる。浄土真宗では、門徒のことを「お同行」と、いまも呼ぶ。

だが、集団の常で、念仏者が増えればこれを組織化しようとして争う者が出てくる。親鸞の言葉として、『歎異抄』に次の言葉がある。

「専修念仏のともがらの、わが弟子、人の弟子という相論《そうろん》の候《そうろ》ふらんこと、もつてのほかの子細なり。親鸞は弟子一人も持たず候ふ。そのゆゑは、わがはからひにて人に念仏を申させ候はばこそ、弟子にても候はめ。弥陀の御もよほしにあずかつて念仏申し候ふ人を、わが弟子と申すこと、きはめたる荒涼《こうりょう》のことなり」

意訳すれば、「本願を信じ、念仏一筋に生きる人たちのなかで、自分の弟子だ、人の弟子だというような言い争いがあるようだが、それは思いもよらないこと。親鸞は弟子一人も持っていない。なぜなら、私の力によって人に念仏を申させているのであれば、その人をわが弟子ともいえるが、そうではない。阿弥陀仏の御はからい（力＝誓願）によって念仏を申しておられる人を、私の弟子であるということは、この上もなく不躾《ぶしつけ》なことだ」となる。導く者、導かれる者はいても、共に同じ道を歩く仲間（同行・同朋《どうぼう》）とするところに、浄土真宗の特徴がある。

越後へ流刑されて四年後、赦免《しゃめん》された親鸞は、四十二歳で家族とともに関東布教の旅に出る。関東の地で約二十年を布教に費やし、六十歳で京都に戻ると、弘長《こうちょう》二年（一二六二）一月二十六日、行年《ぎょうねん》九十で往生するまで著述活動に専念する。この間に念仏者集団が形成されていくが、先に述べたとおり、親鸞には教団として組織化する考えはなかった。

親鸞の没後、末娘の覚信尼《かくしんに》が墓所を守り、関東の門弟たちの援助を受けて「大谷廟堂《びょうどう》」

を建立《こんりゅう》。ここがのちに本願寺として寺院化され、蓮如の時代に教線が拡大され、日本最大の教団になっていくのだ。

## 本願寺はもとは天台宗の寺だった？

大谷本廟を正式に寺院化したのは覚如だ。すでに紹介したように親鸞の曾孫で、本願寺三世である。だが、寺院化はしたものの、大谷本願寺は寂《さび》れていて寺経営はままならなかった。やむなく、念仏禁止を条件に、親鸞が九歳で得度した天台宗青蓮院の末寺となって庇護を受ける。伊勢から訪れた参拝者が大谷本願寺を見て、あまりの寂れ方に呆れ、隣接する佛光寺《ぶっこうじ》（親鸞が結んだ草庵に始まり、関東時代の門徒集団の京都布教の中心的寺院。現在、真宗佛光寺派本山）へ参拝したというエピソードがある。のち蓮如が現れなければ、今日の隆盛はおろか、「浄土真宗」としての本願寺は存在しなかった。

天台宗末寺の大谷本願寺で得度した蓮如は、その後、大谷本願寺と姻戚関係にあった奈良興福寺の大乗院門跡経覚《もんぜききょうかく》について学んだのち、父である本願寺七世存如《ぞんにょ》について関東、東北で二年間にわたって布教活動を行っている。そして四十三歳のとき、父の死去に伴って本願寺八世となるのだが、ここが本願寺の正念場となる。青蓮院の本寺である比叡山延《えん》暦寺《りゃくじ》が、蓮如に天台宗への改宗を迫ってきたのだ。

蓮如はこれを拒否しただけでなく、延暦寺への上納金支払いを拒絶して抵抗したのである。当時、延暦寺の勢力は強大で、これに歯向かうのだから余程の覚悟があってのことだろう。延暦寺は蓮如を「仏敵」とみなし、延暦寺の衆徒（寺院に帰住する僧侶）は大谷本願寺を襲い、打ち壊してしまうのだ。寺を失った蓮如は京都を追われ、近江へと逃れる。その後、蓮如は自身の隠居と長男順如《じゅんにょ》の廃嫡《はいちゃく》を条件に延暦寺と和議を結んでおいて、応仁《おうにん》の乱（一四六七〜七七）のさなか、延暦寺に敵対する三井寺《みいでら》（園城寺《おんじょうじ》。滋賀県大津市）の庇護を受けると、大津に顕証寺《けんしょうじ》を建立し、順如を住持《じゅうじ》（住職）とするのだ。

さらに、越前吉崎（現在の福井県あわら市）に吉崎御坊《ごぼう》を建立し、門徒たちへの手紙「御文章《ごぶんしょう》（御文《おふみ》）」による独自の布教活動などによって教線を急速に拡大させていく。京都に山科《やましな》本願寺、大阪に大坂御坊（のちの石山《いしやま》本願寺）を建立。日本最大の仏教教団となった本願寺教団の勢力は、戦国大名や荘園領主に匹敵し、各地で摩擦を起こすようになる。これが「一向一揆」である。

浄土真宗の隆盛は、蓮如の政治的大局観の賜物《たまもの》で、「中興の祖」と呼ばれる理由はそこにある。

## 浄土真宗にはなぜ、東西二つの本山があるのか

同じ京都市内に、西本願寺と東本願寺がある。直線距離にして五百メートルほどだ。どちらも通称で、正式名は西本願寺が「龍谷山《りゅうこくざん》本願寺」（浄土真宗本願寺派本山）、一方の東本願寺は「真宗本廟」（真宗大谷派本山）である。東本願寺は本願寺（西本願寺）の東側に位置することからそう呼ばれ、門徒たちは「お西」「お東」と呼び分けている。

では、なぜ同じ浄土真宗なのに本山である本願寺が二つあるのか。前項で触れたが、戦国時代になると、力を持った本願寺は戦国大名たちの標的となった。山科本願寺は守護大名の六角定頼《ろっかくさだより》らによって焼き討ちされ、石山本願寺は織田信長と衝突して、十年に及ぶ石山合戦が始まる。石山本願寺は戦国時代、「大坂本願寺」「大坂城」と呼ばれ、後世「石山本願寺」になったもので、石山本願寺を中心に濠《ほり》や土居《どい》で囲まれた寺内町《じないまち》を形成するなど、繁栄を誇った。この寺内町が〝商都大坂〟の源流となる。

天正《てんしょう》八年（一五八〇）、石山合戦は正親町《おおぎまち》天皇の勅令により和議が成立。十年に及ぶ戦いは終止符を打つことになるが、これが東西分立の遠因となる。和議を受け容れた本願寺十一世顕如《けんにょ》（一五四三〜一五九二）はただちに紀州の雑賀御坊（現在の本願寺鷺森《さぎのもり》別院。

和歌山市）に向けて退去するも、顕如の長男教如《きょうにょ》は徹底抗戦を主張して石山本願寺に立て籠もる。結局、信長の猛攻に耐えきれず、数日で退去。堂舎（寺社の建物）、寺内町が炎上して灰燼《かいじん》に帰す。

こうして十年戦争は本願寺の敗戦で終わるのだが、二年後の天正十年（一五八二）、信長が本能寺で討たれたことで歴史の歯車が動く。豊臣秀吉は本願寺と友好関係の構築に舵《かじ》を切り、天正十九年（一五九一）には京都六条堀川に寺地を寄進し、顕如はそこに本願寺を建立。これが現在の西本願寺である。

ところが翌年、顕如が急逝したことから混乱が起こる。長男教如が本願寺十二世となったが、これに秀吉が横やりを入れたのだ。教如は石山合戦で信長に最後まで抵抗している。政権にとって危険人物と見なしたのである。秀吉は、准如《じゅんにょ》（教如の弟）に本願寺を託するという〝顕如の譲り状〟があるとして、准如に本願寺十二世を継がせ、教如を隠退させた。

教如はこれに納得がいかず、天下取りを狙う家康に近づき、親交を深める。秀吉没後、天下を治めた家康は慶長《けいちょう》七年（一六〇二）、教如に京都六条烏丸《からすま》の寺地を寄進する。これが現在の東本願寺である。家康は自分に友好的な教如を用いて、巨大勢力である本願寺の力を削ぐため、これを二分したのである。

こうして本願寺は、准如の西本願寺（浄土真宗本願寺派）と教如の東本願寺（真宗大谷派）に分立し、現在に至る。

＊

「仏の教えを聞いて一人で喜んでいる人があれば、二人でいると思ってもらいたい。二人で喜んでいる人があれば、三人でいると思ってもらいたい。そのもう一人とは、私、親鸞である」――親鸞は、自身の臨終を見守る人たちにこう語りかけた。

あなたは一人ではない。たとえどんなときでも誰かが見守ってくれているという意味である。

「私たちはすでに救われている」という浄土真宗の教えの土台があるからこそ、心に響く親鸞の言葉である。

### ▼浄土真宗のしきたり

- **住職の呼び方**――「ご住職」「ご院主《いんじゅ》さん」「ご院家《いんげ》さん」「ご院《いん》さん」など
- **葬儀の意味**――故人との別れを惜しむとともに、故人の浄土往生を受け止める儀式
- **葬儀の特徴**――「清めの塩」を出さない。習俗に惑わされない
- **焼香**――本願寺派一回・大谷派二回。抹香は額《ひたい》におしいただかない
- **香典の表書き**――通夜・葬儀・法要共通で「御仏前」「御香資《ごこうし》」「御供《おそなえ》」など
- **卒塔婆**――立てない
- **お墓**――墓石の正面は、「南無阿弥陀仏」「倶会一処《くえいっしょ》」など
- **仏壇**――位牌を置かない

# 第二章　真言宗の「お遍路」が一般に広まった理由は？

## お遍路さんの「同行二人」の意味とは

四国八十八ヶ所霊場めぐりを「遍路《へんろ》」といい、その巡礼者は「お遍路さん」と呼ばれる。彼らの菅笠《すげがさ》や金剛杖《こんごうづえ》、白衣などには「同行二人《どうぎょうににん》」と書かれている。また、遍路コースのあちこちに「同行二人」の文字を目にする。

同行二人とは、「お大師《だいし》さま（弘法《こうぼう》大師＝空海《くうかい》）と二人連れで前に進む」という意味だ。たとえ一人で険しい道を歩いていても、いつもお大師さまに見守られ、励まされながら一緒に歩いている気持ちになれる。「南無大師遍照金剛《なむだいしへんじょうこんごう》」（御宝号。弘法大師への帰依《きえ》を表す言葉）をとなえながら歩くお遍路さんも多い。

これを人生に置き換えて、つらいとき、苦しいときを乗りきるために、「同行二人」を心の支えとしている人も多い。弘法大師と一緒だから頑張ることができる――そんな思いから弘法大師信仰が生まれたのだろう。

遍路の起源は諸説ある。真言宗の宗祖空海《くうかい》（七七四〜八三五）が自身の修行の地を巡礼地として創設したという説、空海没後に弟子の真済《しんぜい》が霊跡をめぐって巡礼コースを創設し、真言宗僧侶の修行の地としたという説などがある。

遍路はもともと僧たちの修行の場だったが、江戸時代から一般の人たちが弘法大師に救いを求めて巡拝するようになった。

遍路の全行程は約千四百キロあり、徒歩でめぐれば五十日ほど、車でも二週間ほどかかる。「発願寺《ほつがんじ》」と呼ばれる一番札所は霊山寺《りょうぜんじ》（徳島県鳴門市《なるとし》）。そこから四国を時計回りに一周して、「結願寺《けちがんじ》」と呼ばれる八十八番札所の大窪寺《おおくぼじ》（香川県さぬき市）までが全行程となる。

四国四県を仏道修行の段階に見立てて、「発心《ほっしん》の道場（一番〜二十三番）＝徳島県」「修行の道場（二十四番〜三十九番）＝高知県」「菩提《ぼだい》の道場（四十番〜六十五番）＝愛媛県」「涅槃《ねはん》の道場（六十六番〜八十八番）＝香川県」とし、道場（県）ごとに区切ってめぐる〝区切り打ち〟をする人も多い。

## 「護摩焚き」にはどんなご利益があるのか

スポーツの世界は実力次第といわれるが、自らの怪我も含め、実力ではカバーできない運不運が絶えずつきまとう。それだけに、スポーツ選手には信心深い人が少なくない。プロ野球選手がオフシーズンに護摩《ごま》焚《だ》きに挑み、燃え盛る炎の前で必死に祈る姿は、テレビなどでも毎年おなじみとなっている。

護摩焚きは、密教で行う加持祈祷《かじきとう》の代表的な修法だ。護摩は、梵語《ぼんご》（古代インドのサンスクリット語）で「焚く」という意味のホーマを音写したもの。古代インドで行われていたバラモン教の儀式を密教に採り入れたといわれている。

真言宗では、護摩の火を大日如来《だいにちにょらい》の智慧《ちえ》の光明《こうみょう》、護摩炉で焚く護摩木《ごまき》などの供物《くもつ》を煩悩《ぼんのう》と見なし、その智慧の火で煩悩を焼き尽くす意味で護摩焚きを行う。堂内の護摩壇で行う「壇護摩《だんごま》」と、屋外で護摩木を積み上げて行う「柴灯護摩《さいとうごま》」がある。

護摩焚きの目的は「息災《そくさい》」「増益《ぞうやく》」「調伏《ちょうぶく》」「敬愛《けいあい》」の四つに分けられる。

息災は、災害などに遭わず、幸せな暮らしを祈ること。増益は、今よりも幸せになれるように祈ることで、具体的には病気平癒、健康増進、事業隆盛などを祈願する。調伏は、心の迷いや障害などの除去を祈ること。敬愛は、慈悲の絆《きずな》が強まるように祈ることで、男女の和合や争っていた相手との和解などを祈願する。

実際の護摩焚きでは、これらの目的によって護摩木を焚く炉の形や僧侶の座る位置、袈《け》裟《さ》の色などに違いがある。

真言密教の加持祈祷は、すべてを仏の力に頼るのではなく、またすべてを行者の超人的な法力に頼るのでもない。仏の力と、加護を祈る行者の法力が一体化することによって、さまざまなご利益《りやく》をもたらすと考えられている。

## そもそも密教とは何か

密教といえば、護摩焚きに代表される加持祈祷など呪術《じゅじゅつ》的な要素が多く、神秘的宗教体験が重んじられているため、仏教でも異色に感じる方も多いのではないだろうか。

空海は、仏教を「顕教《けんぎょう》」と「密教」の二つに分け、密教の優位性を説いた。

仏教の開祖である釈迦《しゃか》が人々のためにわかりやすく説いた真理（さとりの境地）の教えは、やがて文字に書き留められ、経典（お経）として広く伝わったことから、「顕《あきら》かな教え」という意味で顕教という。

これに対して密教は、大日如来こそが大宇宙の真理そのものであるとし、釈迦が言葉では語り尽くせなかった真理のすべてを、実践によって表した教えのことだ。その真理はあまりにも深遠で、言葉や文字で説明できない「秘密の仏教」ということから、密教という。「顕教では真理のすべては伝えきれない」――これが空海の立場である。

密教は五世紀頃にインドで起こったとされる。仏教にヒンドゥー教の呪術や密法を採り入れた教えだ。インドでは当時、ヒンドゥー教が隆盛であったため、仏教は呪術や密法を採り入れ、病気治癒などの現世利益《げんぜりやく》などを取り込むことで再興を果たした。しかし、密教化したことによって仏教はヒンドゥー教に飲み込まれ、インドでは次第に衰退していく。

密教がインドから中国に伝わったのは八世紀、中国密教として体系化された。日本へは、平安時代が始まった九世紀初頭、中国（唐）に留学した最澄《さいちょう》と空海が伝え、天台宗や真言宗の誕生の礎となる。

空海が伝えた真言密教の教えは、大宇宙の真理である大日如来と一体化し、現世において、この身のままで、さとりの境地に達すること――すなわち「即身成仏《そくしんじょうぶつ》」を主たる目的とする。そのためには、身密《しんみつ》（手指で印《いん》を結ぶこと）・口密《くみつ》（口に真言《しんごん》をとなえること）・意密《いみつ》（心に仏の姿を思い描くこと）という「三密行《さんみつぎょう》」の実践が大切で、これら三つの修行を積むことで即身成仏が可能になるとする（詳しくは54ページ参照）。

## 密教が重視する「曼荼羅」とは、本来どんなもの？

曼荼羅《まんだら》とは、梵語の「本質を得るもの」という意味の「マンダラ」を音写したもの。

密教では、大宇宙の真理には四つの面があると考える。曼荼羅は「大日如来」を中心とした諸仏諸尊の配置図だ。密教が考える宇宙観を図で表現したもので、密教では非常に重要な存在とされる。

四つの面を表す曼荼羅は、それぞれ「大曼荼羅」「三摩耶《さんまや》曼荼羅」「法曼荼羅」「羯磨《かつま》曼荼羅」であり、総称して「四曼《しまん》」といい、次のようになる。

大曼荼羅は、密教の宇宙観を仏尊の姿によって色鮮やかに描いている。

三摩耶曼荼羅は、刀剣・輪宝《りんぽう》・金剛杵《こんごうしょ》・蓮華《れんげ》など、仏尊の持ち物によって描いている。

法曼荼羅は、それぞれの仏尊を梵字一字ずつで示している。

羯磨曼荼羅の「羯磨」は、梵語のカルマ（はたらきを意味する）に由来し、仏尊のはたらきを彫像などにより立体的に表現している。

これら四種類の曼荼羅は、密教が教える仏の世界をそれぞれの視点から見たものであり、分けて考えることはできない。

　そのなかでも重要視されるのが大曼荼羅である。「両部曼荼羅」といわれる『大日経《だいにちきょう》』をもとにする胎蔵《たいぞう》曼荼羅は大日如来の慈悲の世界を、『金剛頂経《こんごうちょうぎょう》』をもとにする金剛界曼荼羅は大日如来の智慧の世界を表している。胎蔵曼荼羅と金剛界曼荼羅の両部曼荼羅を寺院本堂の本尊の左右に掲げる形式は、空海が確立したもので、真言宗寺院では最も多く見られる。

## なぜ「印」を結ぶのか

　時代劇のなかで、忍者が術を使って煙とともにドロンと消えるときなど、両手を特殊な形に組む独特のポーズをとる。あのポーズは「印《いん》を結ぶ」といって、密教では修法の一つとして知られている。

　仏教では、私たち人間の日常活動は「身＝身体」「口＝言葉」「意＝心」の三つのはたらきから成り立っていると考える。しかし、この三つのはたらきこそ、迷いや執着といった煩悩の根源であり、「業《ごう》」と呼ばれ、身業《しんごう》・口業《くごう》・意業《いごう》をあわせて「三業」という。

　一方、密教では、身・口・意の煩悩を離れた仏の尊いはたらきを身密・口密・意密の「三密」と考える。

そこで、煩悩のはたらきである「三業」と、仏のはたらきである「三密」を一体化させ、即身成仏を願うのが「三密行」であり、「三密加持」ともいう。三密加持の具体的な方法は、手指に「印」を結び、口に「真言」（後述）をとなえ、心に仏の姿を思い描くことだ。

身密である印は、手の指を組み合わせたり、手のひらを重ね合わせたりして、仏のさとりや功徳の内容を表すこと。「印相《いんそう》」「印契《いんげい》」ともいわれる。仏像を見るとわかるが、仏尊によってさまざまな印の結び方をしている。密教では僧侶が修行や修法のときに印を結ぶことで、その仏と一体となり、仏と同じ力を発揮できるとされる。

しかし、仏の力を受ける準備ができていない一般の人が印を結ぶことは危険だとされる。そのため密教の僧侶は、袈裟や法衣《ほうえ》のなかで見えないようにして印を結んでいる。

ただし、一般の人が結んでもかまわない印もある。たとえば、「合掌《がっしょう》」も印の一つだ。右手は仏、左手は自分自身を表し、両手を合わせることで仏と一体になることを意味する。両手のひらも指もぴったり合わせる「堅実心合掌《けんじつしん》」、手のひらの間に少し空間をつくる「蓮華合掌《れんげ》」、右手の親指を上にして交互に指を組む「金剛合掌」などがある。

ちなみに胎蔵大日如来の印は、左手のひらの上に右手の甲を重ね、左右の親指の先を合わせる「法界定印《ほっかいじょういん》」だ。これは坐禅《ざぜん》（真言密教では「阿字観《あじかん》」と呼ばれる）のときに組む印で、煩悩を離れ、さとりの境地にあることを示している。金剛界大日如来の印は、左手の人差し指を立てて右手で握るように組む「智拳印《ちけんいん》」だ。容易に破られない堅固な智慧を持つことを示している。

口密である真言は、仏が人々を救済する誓願（誓い）を示す言葉のこと。短い言葉を「真言」といい、やや長いものは「陀羅尼《だらに》」、梵字一字だけのものを「種字《しゅじ》」と呼ぶ。これらは、言葉そのものに霊力が宿っている呪文のようなものだ。私たちが真言をとなえるのは、仏の徳をたたえ、仏の加護をいただくことである。

## 真言宗の教え「即身成仏」とは

真言宗の教えをひと言でいえば、「即身成仏」である。他宗と異なる真言宗の教えの最も大きな特徴だ。

即身成仏は「ミイラ仏」になることと誤解されることがあるが、ミイラ仏は「即身仏」のことだ。つまり、人々の救済を願い、厳しい修行によって精進潔斎《しょうじんけっさい》（一切の肉食を避け、心身を清めること）し、自らの肉体をミイラとして残した修行僧のことをいう。

これに対して即身成仏は、現世において、この身のままで仏になれる（さとりを得られる）

ということ。つまり、生きたままで、仏のさとりの生活ができると教える。

空海は、即身成仏に至るための三つの段階を、自著『即身成仏義《そくしんじょうぶつぎ》』において説く。

第一段階は、自身に仏性があることを自覚すること。第二段階は、仏性があるという自覚を踏まえて「三密行」を行い、仏と一体になること。そして第三段階は、その修行を続けることで、自身の仏性が表れ、日常生活のすべてがさとりの境地となる。

ちなみに即身仏（ミイラ仏）についても触れておくと、国内に現存するのは二十体前後といわれる。そのなかでよく知られているのは、山形県鶴岡市の注連寺《ちゅうれんじ》（真言宗智山派）に安置されている鉄門海《てつもんかい》（一七五九？〜一八二九）だ。鉄門海は江戸時代中期、諸国を行脚して布教しながら人々の救済を続けた。江戸では、流行していた眼病を恐れる人々のために、自身の左目を短刀でえぐり取って隅田川に投げ入れて、龍神に捧げた。その病魔退散の祈願によって悪疫の流行を収めたと伝わる。

そして鉄門海は、人々のために即身仏になることを望み、修行に入った。五穀断《ごこくだ》ちから十穀断《じっこくだ》ち、木食《もくじき》（穀物を断って木の実や若芽だけを食べて修行すること）、最後には絶食して体の脂肪分や水分を抜き、三千日をかけて即身仏となったと伝えられる。

## 空海が私費留学で中国に渡れた理由

空海の入唐《にっとう》の目的は、密教を修めた正師《しょうし》を探して、密教経典や法具を日本へもたらすことだった。

空海は一介の私度僧《しどそう》（朝廷の許可なく出家した僧）である。国費で渡航する還学生《げんがくしょう》（短期留学生）ならともかく、私費留学しなければならない。空海はどこで中国語を習得し、どうやって莫大な留学費用を捻出したのか。

空海のプロフィールを簡単に追ってみよう。

空海は、讃岐国《さぬきのくに》屏風《びょうぶ》ヶ浦《がうら》（現在の香川県善通寺《ぜんつうじ》市）で、地方豪族の家の三男として生まれた。子供の頃から聡明で、一族の大きな期待がかかっていた。また、経典にも親しんでいたと伝わる。母方のおじに、皇子《みこ》の教育係を務める儒学者の阿刀大足《あとのおおたり》がいて、十五歳で都にのぼり、おじのもとで漢籍を学ぶ。

空海は十八歳になると、当時の最高学府、官吏養成機関である大学に入学を許される。地方豪族出身者が入学するのはまず無理な、貴族の子弟ばかりのエリートコースである。将来の出世は約束されたにもかかわらず、空海は思い悩む。大学は出世のために箔《はく》をつけるだけのところであり、それに疑問を感じたのである。人間には出世よりもっと大切なことがあるのではないか——この思いから、空海は仏教界への興味が高まっていき、奈良の大寺《だいじ》などを訪ねるようになった。

そんなある日のこと。空海は一人の出家修行者に出会い、「虚空蔵求聞持法《こくうぞうぐもんじほう》」という密教修法を教わる。これを機縁とし、大学を辞めて私度僧となり、壮絶な山林修行の日々を送る。修行の場所は畿内や四国だったと伝えられるが、二年、三年と修行を続けるうちに、仏と一体となるという神秘的な体験をする。これによって、空海は自分がこれから歩むべき道は仏法の追究であることを確信する。

その後、奈良の諸大寺で仏教典籍を読破。密教経典の『大日経』と出合い、密教に真理が隠されていることを直観、密教を修めた正師を求めて中国へ渡ることを決意する。延暦十六年（七九七）、二十四歳になった空海は、出家宣言書というべき『三教指帰《さんごうしいき》』を著した。

それから入唐《にっとう》するまでの七年間、空海の消息はまったくわかっていない。「空白の七年間」と呼ばれる期間だが、空海は『大日経』の探究とともに、入唐の準備を行っていたはずだ。あくまでも伝説の域を出ないが、語学の研鑽《けんさん》と留学費用の両方を得るため、各地の山林で鉱物資源を採掘する鉱山技術者の協力を得たといわれる。日本では古来、鉱山技術は渡来人が担っていたとされ、山林修行を続ける修行僧と鉱山技術者に接点があったことは十分に考えられる。

空海は、鉱山技術者と接触し、中国語を習った。また、彼らから留学費用の提供を受け、その見返りに中国の最新の採掘技術や精錬技術を持ち帰るという約束を結んだ――空海がそんな青写真を描いたとしても不思議ではない。実際に空海は通訳者なしで中国に渡っている。そして、中国からさまざまな工業技術をもたらしている。

「空白の七年間」を経て空海は、遣唐使船に乗って中国に渡る。同じ遣唐使船団には、当時仏教界の第一人者だった最澄もいた。最澄は国費の還学生、空海は一介の私度僧。私費での留学に際しては二十年以上の中国滞在が義務づけられていた。

## こうして密教の正統な後継者になった

中国に渡った空海はまず、当時の唐の都である長安《ちょうあん》（現在の西安《せいあん》）に入ると、密教修得には欠かせない梵語を二人のインド僧から学び、三カ月でマスターする。この間、彼らを通してインドと中国の仏教事情について詳しく知る一方、密教を究めたいなら青龍寺《せいりゅうじ》の恵果《けいか》（七四六〜八〇五）に学ぶしかないとアドバイスを受ける。

ここで密教の歴史を簡単に述べておこう。インドで生まれた初期密教は体系化されておらず、教えや修行法が雑然としていたので雑部密教《ぞうぶ》（雑密《ぞうみつ》）と呼ばれる。七世紀になって『大日経』と『金剛頂経』が成立し、「仏尊はすべて大日如来の化身である」という教えが体系化されて、密教は飛躍的に発展する。これを正純密教（純密《じゅんみつ》）と呼ぶ。

純密は八世紀になって中国に伝わっていくのだが、『大日経』と『金剛頂経』は別々に伝わった。両方の経典を「両部の大経」と呼び、その教えを受け継いで統一し、教義として確立した正統密教の祖師が青龍寺の恵果なのである。空海は恵果に師事する。

空海が青龍寺を訪ねると、千人もの恵果の弟子がひしめきあっていたが、恵果は空海をひと目見た瞬間に法嗣《ほうし》（仏法の奥義を継承する者のこと）とすることを決めたといわれる。「私はそなたが来ることを知り、待っていた。時間がない。正統密教を授けるのはそなたしかいないのだ」といって来訪を喜んだと伝えられる。

高齢で、すでに死期が近づいていた恵果は、命が残された数カ月間、空海に正統密教の修法や秘儀のすべてを伝授し、伝法灌頂《でんぽうかんじょう》（弟子が師僧から大日如来の秘伝を授かる継承儀礼）を授けた。これによって空海は、密教の最高位である「伝法阿闍梨《でんぽうあじゃり》」を継承する。また恵果は、空海に日本に持ち帰らせるための密教経典や法具の数々を用意したのだった。

「私の命は尽きようとしている。そなたにすべてを与え、もう心残りはない。一刻も早く日本へ帰り、正統密教を天下にひろめ、人々に福を与えよ」

恵果はこう言い残して、八〇五年十二月、生涯を終えた。空海は千人の弟子を代表して、恵果のための碑文を起草する。八〇五年五月に恵果と出会ってから七カ月後のことだった。

こうして密教の正統は、中国に長く留まることなく空海によって日本に伝わった。

## 空海はなぜ宗名を「密教」としなかったのか

空海が帰国するのは恵果が亡くなった翌年、三十三歳のときだ。二十年以上と定められた留学をわずか二年で切り上げた「闕期《けつご》の罪」に問われ、すぐには入京を許可されず、九州太宰府《だざいふ》に留め置かれた。だが、空海は意気軒昂《けんこう》だった。そのときの「虚《むな》しく往《ゆ》きて実《み》ちて帰る」という空海の言葉が知られているが、わずか二年前、無名の一留学僧として入唐した空海の成果がいかに大きなものであったかを如実に示している。

それから三年後の大同《だいどう》四年（八〇九）、膨大な経典、仏像、密教法具を持ち帰ったことが認められ、入京を許される。すでに空海が密教の正統を受け継いで帰国した噂《うわさ》は朝廷にも伝わっており、空海は即位したばかりの嵯峨《さが》天皇の許可を得て鎮護国家を祈る加持祈祷を行った。以降、空海は生涯を通して嵯峨天皇の信頼を得ることになる。

時代が空海を待望した。当時の日本は奈良時代から平安時代への大転換期である。延暦三年（七八四）に都は平城京から長岡京に移り、延暦十三年（七九四）には平安京に遷都している。奈良時代後期には、僧侶が国家権力と癒着し、政治に口をはさむまでになっていたことから、平安京の朝廷は新たな仏教を求めていた。そこに登場したのが、加持祈祷による国家鎮護や病気平癒などの現世利益をうたう密教だった。

しかも、空海に先立つ前年、国費の還学生の最澄が密教を学んで帰国。朝廷の要請を受けて密教修法を行っており、密教を受け入れる土壌はすでにできあがっていた。そこに、密教の正統を受け継いだ空海が登場する。密教の隆盛は約束されているようなものだった。

空海が宗名を「真言宗」とした理由は諸説ある。そのまま「密教」としてもよさそうだが、日本には、初期の雑部密教（雑密）がすでに伝えられていて、山林修行者の間で広く行われていた。また、最澄が密教を採り入れて天台宗を開いていたことから「密教」とは命名しづらかったのかもしれない。

「真言宗」の命名由来には、空海が中国から持ち帰った密教経典のなかに「真言陀羅尼《しんごんだらに》宗《しゅう》」と記されていたことが関係していそうだ。あるいは、大日如来が「真言」によって完全なる教えを説いたこと、そして自身が大日如来から続く密教の正統を受け継いでいることを示してのことかもしれない。

空海は、真言をとなえることが密教の修行のなかで最も大切であると述べている。命名由来の決定打はわからないが、これらの理由が相まって、「真言宗」という宗名がいちばんふさわしいと判断したのだろう。

## 愛欲をも肯定する密教のお経

真言宗がよりどころとする両部の大経のうち、『大日経』は八世紀前半にインドから中国に伝わり、そのわずかのちに日本にも伝えられているが、『金剛頂経』は九世紀になって空海が日本にもたらした。

両部の大経は、真言宗がよりどころとする経典ではあるが、日常的にとなえることはない。寺院での法要や家庭でのおつとめ（勤行《ごんぎょう》）でとなえるのは、『金剛頂経』の一部である『理趣経《りしゅきょう》』で、正式名称は『大楽金剛不空真実三摩耶経《たいらくこんごうふくうしんじつさんまやきょう》』といい、「般若波羅密多理趣品《はんにゃはらみたりしゅぼん》」という副題がついている。「大いなる心のやすらぎこそ金剛のように不変であり、現実の世界こそが、仏の真実の世界である」ことを説いている。つまり、真理に至るお経ということだ。

『理趣経』は、仏教にとって重要なテーマである「煩悩」を正面から扱っている。煩悩を否定することなく、人間はありのままの姿で即身成仏できると説く。全十七段から成り、その初段に、すべてのものは本来清浄であることが説かれている。「十七清浄句」として有名で、たとえば次のようになる。

「男女の交合の妙《たえ》なる恍惚《こうこつ》は、清浄なる菩薩の境地である」
「異性への激しい欲望は、清浄なる菩薩の境地である」
「愛する異性とかたく抱き合うことは、清浄なる菩薩の境地である」
「愛する異性をわがものとした喜びは、清浄なる菩薩の境地である」
「なすがままに身をまかせることは、清浄なる菩薩の境地である」
「身体の快楽は、清浄なる菩薩の境地である」

『理趣経』は愛欲をすすめているわけではない。「煩悩の代表である愛欲といえども、仏の智慧をはたらかせ、何ものにもとらわれない〝空《くう》〟の心でそのまま受け止めることができたなら、そのエネルギーは神聖な力に変わる」ということを説いている。欲望を肯定するのではなく、かといって否定するのでもない。現実をすべて肯定して生きることがさとりであると、『理趣経』は教える。

## 宗教家だけでなく、文化創造者でもあった

空海は、密教を日本に根づかせた実績はもちろんだが、土木・建築・医療・教育・文学・芸術など多彩な分野で社会に貢献し、ルネサンス（文化革新）ともいうべき新たな時代の創造者としての活躍ぶりが大きかった。

また、空海の入定《にゅうじょう》信仰をひろめた「高野聖《こうやひじり》」の活躍も見逃せない。高野聖とは、空海が開いた紀州高野山（和歌山県伊都《いと》郡高野町）で修行する僧侶の階級の一つで、彼らは全国を巡遊して浄財を集める役割を果たした。高野山は平安時代後期に二度の大火に見舞われた。そのため諸堂再建の浄財が必要となったのだ。

高野聖たちは各地へ出向き、病気平癒や除災招福の加持祈祷を行ったり、空海が護摩を焚いた灰を売るなどして浄財を集めた。また、そのときに空海が行った社会事業の数々や法力の説話、入定伝説を民衆に話して聞かせた。あるいは、お布施とともに故人の遺骨や遺髪、歯の一部などを家族から預かって、高野山に埋葬することも行い、高野山との仏縁を結んだ。

名僧に伝説はつきものだが、空海ほど全国各所に伝説を残している僧はいないだろう。

その数は三千を超えるといわれる。そのなかでひときわ多いのが「湧水伝説」だ。干ばつに苦しむ地域で空海が祈祷すると水が湧いたり、空海が「独鈷杵《とっこしょ》」や「錫杖《しゃくじょう》」と呼ばれる密教法具で地面をひと突きすると、温泉が湧き出したというエピソードである。「弘法の清水」「弘法の湯」は現在も全国各地にある。これら密教法具の使い方は秘儀とされ、師僧から代々伝授された。

こうした伝説の多くはフィクションだが、それも空海が実際に行った社会事業の数々があればこその伝説である。

## 空海は今も生きている

空海は晩年、東寺《とうじ》と高野山の造営、各地での密教修法、執筆、そしてさまざまな社会事業などに明け暮れた。体調に不安が生じるのは、東寺の近くに綜藝種智院《しゅげいしゅちいん》を開いた天長《てんちょう》五年（八二八。五十五歳）頃とされる。綜藝種智院は、わが国初の庶民のための学校で、空海の教育にかける信念と使命がうかがえる。ちなみに、現在の種智院大学（京都市伏見区）は綜藝種智院を端緒としている。

空海は体調に不安を覚えながらも東奔西走の日々を送り、天長八年（八三一）には体調がさらに悪化し、一時は病床に伏した。それでも体調が少し回復した翌年には、七堂伽藍《しちどうがらん》が整った高野山で万燈万華《まんどうまんげ》の法要「万燈会《まんどうえ》」を行っている。これは、四恩（父母・国王・衆生《しゅじょう》・三宝《さんぽう》）に感謝するもので、空海は「虚空《こくう》尽き　衆生尽き　涅槃《ねはん》尽きなば　わが願いも尽きなん」（この世の生きとし生けるものがすべて仏となり、さとりの境地を求める者がいなくならないかぎり、私の願いも尽きないだろう）という願文《がんもん》を残している。

空海はこの頃から「入定」の準備を始めたのだろう。入定とは、亡くなったのではなく、長い禅定《ぜんじょう》（宗教的瞑想状態）に入り、今なお生き続けているという意味だ。つまり、空海は大日如来と一体となって私たちを見守ってくれているということであり、万燈会での願文は、空海の入定宣言だったとされる。

万燈会から三年後の承和《しょうわ》二年（八三五）一月、空海は宮中での修法のため、京都に赴く。御所に新設されたばかりの真言院で、天皇家の安泰と国家の平和を祈願する七日間の修法「後七日御修法《ごしちにちみしほ》」を行う。宮中の公式行事として密教修法が行われるのはこれが初めてだった。同時に空海にとって、これが京都での最後の修法となった。

後七日御修法を終えた空海は、すぐに高野山に戻り、入定のときを待つ。徐々に穀物を断っていき、ついには水さえも口にしなくなり、瞑想の日々を送る。そして三月十五日、空海は弟子たちを集め、真言宗の今後の運営や後世への戒めなど、二十五箇条にわたる遺言を伝え、その最後に「三月二十一日の寅《とら》の刻（午前四時頃）に山に帰る」と自身の入定の日時を決めた。

空海は、実際にその日に、坐禅の姿で、法界定印《ほっかいじょういん》を結んで入定した。その亡骸は入定から五十日目に高野山奥の院の霊場に納められ、現在に至っている。

＊

「生まれ生まれ生まれ生まれて生《しょう》の始めに暗く、死に死に死に死んで死の終わりに冥《くら》し」――空海の言葉である。意訳すれば、「私たちは、何のために生まれたのかわからないまま生き、わからないまま死んでゆく」となるが、それは悲観するものでもなければ、人間の愚かさを嘆くものでもない。

真言宗では、私たち人間はありのままの姿ですでに仏であり、修行によってそれを自覚することができると教える。生死は誰にもわからないからこそ、今を充実させて生きることが大切であると、空海は私たちを叱咤激励しているのだろう。

**▼真言宗のしきたり**

・**住職の呼び方**―「ご住職」「和尚《わじょう》」など。高僧は「阿闍梨《あじゃり》」

・**葬儀の意味**―故人を即身成仏へ教え導く儀式であり、無事に大日如来の世界へと還っていくことを願う。故人の冥福（死後の幸せ）を祈る

・**葬儀の特徴**―即身成仏の引導儀式では、導師が橋渡し役となり、大日如来と一体であることを故人にさとらせ、成仏のための秘印明《ひいんみょう》（印の結び方と真言）を授ける

・**焼香**―焼香は三回。抹香は額《ひたい》の前にささげてから香炉に入れる

・**香典の表書き**―通夜・葬儀では「御霊前《ごれいぜん》」、法事では「御仏前《ごぶつぜん》」、通夜・葬儀・法要共通で「御香典」など

・**卒塔婆**―立てる

・**お墓**―（墓石の正面は）「南無大師遍照金剛」など。「〇〇家（先祖代々）之墓」の場合は、文字の上に大日如来を意味する梵字の𑖀《ア》を刻む

# 第三章　浄土宗ではなぜ「南無阿弥陀仏」と念仏をとなえるのか？

## 京都の清水寺は日本最初の念仏道場だった

京都観光の定番の一つとして親しまれ、近年は、その年を象徴する「今年の漢字」を揮《き》毫《ごう》するパフォーマンスでもおなじみの清水寺《きよみずでら》（京都市東山区）が、実は、浄土宗の宗祖法《ほう》然《ねん》と縁が深いことは意外に知られていない。

清水寺は、奈良時代の開創当初から南都六宗（三論宗《さんろんしゅう》、法相宗《ほっそうしゅう》、華厳宗《けごんしゅう》、倶舎宗《くしゃしゅう》、成実《じょうじつ》宗《しゅう》、律宗《りっしゅう》）の一つである法相宗の寺院だったが、昭和四十年（一九六五）に独立し、北法相宗の総本山になっている。本堂の東側にある阿弥陀堂には「日本最初常行《じょうぎょう》念仏道場」の竪額《たてがく》が掲げられている。後柏原《ごかしわばら》天皇の宸筆《しんぴつ》（直筆）と伝わり、清水寺は、法然ゆかりの日本最初の念仏道場なのである。

法然は大原問答（82ページ参照）から二年後の文治《ぶんじ》四年（一一八八）五月十五日（一一九〇

年説もある）、説戒《せっかい》を行うために清水寺に招かれた。説戒とは、戒律を読み聞かせ、犯した罪を懺悔《ざんげ》させる説法のことで、法然は説戒のあと、「阿弥陀仏（阿弥陀如来）の本願を頼んで念仏すれば、極楽浄土に往生できることは疑いのないことである」と説いた。

それを聞いた沙弥《しゃみ》（見習い出家修行者）の印蔵《いんぞう》は説教をありがたがり、大いに喜び、まわりの寺僧らとその場で「不断常行三昧念仏《ふだんじょうぎょうざんまいねんぶつ》」の修行を始めたと伝わる。これが清水寺での常行念仏（不断念仏。72ページ参照）となる。

清水寺の阿弥陀堂には、本尊に向かって右側に法然の像が安置されており、「法然上人二十五霊場」の第十三番札所に数えられている。

## 念仏はとなえるものではなく「観る」もの？

「南無阿弥陀仏《なむあみだぶつ》」ととなえることを称名《しょうみょう》念仏という。浄土真宗で紹介したとおり、阿弥陀仏の救いを疑いなく信じ、「南無阿弥陀仏」ととなえることで阿弥陀仏の極楽浄土に生まれ変わるとする。

だが、念仏は字のごとく、「仏を念じる」というのが元来の意味だ。「念」とは仏教用語で「心の動き」のことをいい、阿弥陀仏の顔かたちや極楽浄土を心に思い浮かべるもので、仏道修行の一つとされた。

日本に浄土教が伝わるのは飛鳥時代。奈良時代には「南都浄土教」として、平安時代には比叡山で「天台浄土教」として隆盛する。

南都浄土教では、インド僧の世親《せしん》（三二〇頃〜四〇〇頃）が『浄土論（往生論）』で説いた「観想念仏」が中心で、その修行のために浄土観想図（浄土曼荼羅《まんだら》）が盛んにつくられた。當麻寺《たいまでら》（奈良県葛城市《かつらぎ》）の「當麻曼荼羅」は有名だ。

天台浄土教は、天台宗三祖の円仁《えんにん》が、天台宗の教えに浄土教を融合して確立した。中国に渡った円仁は、念仏に節《ふし》をつけてとなえる五台山の「引声念仏《いんぜい》」（不断念仏）を伝えるとともに、比叡山に観想念仏の修行道場である「常行三昧堂《じょうぎょうざんまいどう》」を建てた。

また、平安時代初期に空海《くうかい》によって開かれた真言宗でも、高野山で空海の入定《にゅうじょう》信仰と阿弥陀信仰が融合し、「高野聖《こうやひじり》」と呼ばれる念仏僧が活躍した（65ページ参照）。

当時の仏教は、国家や貴族中心で、庶民への普及は念頭になかった。そこで登場したのが平安時代中期の僧、空也《くうや》（九〇三〜九七二）だ。空也は「南無阿弥陀仏」ととなえるだけで誰でも救われるという「称名念仏」を説いて諸国を行脚。わかりやすい教えは庶民にひろまり、民間浄土教の祖といわれる。

法然は、中国浄土教の祖師である善導《ぜんどう》（六一三～六八一）が著した『観経疏《かんぎょうしょ》』（『観無量寿経疏』の註釈書）の一節――「一心専念弥陀名号《いっしんせんねんみだみょうごう》」（78ページ参照）にめぐり合い、天台浄土教と訣別して比叡山を下山、浄土宗を開いたのである。

## なぜ平安中期以降、念仏がひろまっていったのか

平安時代中期以降、「念仏」が人々の間にひろまっていった理由は、人々が「末法《まっぽう》の世」を恐れたことに起因する。政治が乱れて戦乱が相次ぎ、飢饉《ききん》、大地震などの天変地異も次々に襲ってきた。科学的解明など及びもつかない時代にあって、これらの原因は「末法」の時代に入ったからだとされた。

末法の時代とは、仏教の開祖である釈迦の入滅後を「正法《しょうぼう》」「像法《ぞうぼう》」「末法」の三つの時代に区分する仏教の歴史観で、これを「末法思想」という。釈迦入滅から千年（五百年とする場合もある）は、釈迦の教えが正しく伝わっている正法、次の千年は教えが形だけ伝わっている像法、そしてその後の一万年は、教えが衰退し、仏道修行をする者も、さとりを得る者もいない末法となり、世は壊滅的な様相になるというものだ。

天台宗の宗祖最澄《さいちょう》の著作とされる『末法灯明記《まっぽうとうみょうき》』において、「永承《えいしょう》七年（一〇五二）

に末法の時代に入る」とある。そのため平安時代中期から末法思想が叫ばれ、人々はいよいよ「末法の世」の到来であると恐れおののいた。事実、朝廷内の内紛から「保元《ほうげん》の乱」（一一五六）、さらに平家が繁栄の礎を築く「平治《へいじ》の乱」（一一五九）など戦乱が続き、人々は身分にかかわらず現世に危機感をいだく。こうした世相を背景に、来世での極楽往生を説く浄土教が、人々の心を惹きつけることになる。

庶民に念仏をひろめた空也の直後に登場したのが、天台僧の源信《げんしん》（九四二〜一〇一七）だ。源信は、浄土教に関する百科全書として名高い『往生要集《おうじょうようしゅう》』を著し、極楽浄土に往生するための念仏の教えと修行方法を説いた。『往生要集』では観想念仏を理想とし、観想念仏をできない者は称名念仏を行うべきであると説いている。また、臨終時に阿弥陀仏の迎えを願う臨終作法を重視した。そのため「阿弥陀堂」という仏堂建築や「阿弥陀来迎図《あみだらいごうず》」などの浄土教美術が発展した。

称名念仏が盛んになるのは平安時代末期、良忍《りょうにん》（一〇七二〜一一三二）の登場によってだ。良忍も天台僧であったが、「一人の念仏が万人の念仏に通じる」という融通念仏《ゆうずうねんぶつ》を創始。称名念仏で浄土に生まれ変わることができると説き、結縁《けちえん》した人々の名を記入する名帳《みょうちょう》を携えて各地で勧進《かんじん》を行った。これによって、観相念仏優位から称名念仏優位へと思想が転換していく。

そして良忍のあと、平安時代最末期に、浄土教の教えをさらに一歩進めた「専修念仏」を主張する法然が登場するのだ。

## 「法然」の名は僧名ではなかった

「法然」は房号《ぼうごう》で、僧名（法号）は「源空《げんくう》」という。房号は僧侶が住む房（住居）の名前のことだから、法然は屋号で呼ばれていたことになる。師事した叡空《えいくう》が法然から出家の動機を聞いて、「若くして生死の迷いの世界を離れ、仏道を求める心を発したのは、法然道理（行うべき正しい道を教えられなくても体得している）の尊いものである」と感服し、「法然房」という房号を授けた。これによって「法然」と呼ばれるようになる。

叡空が感心したという法然の出家の動機は、父の遺言に従ったことだ。法然は押領使《おうりょうし》（警察および軍事的な官職）の長男として、美作国久米南条稲岡庄《みまさかのくにくめなんじょういなおかのしょう》（現在の岡山県久米郡久米南町）に生まれたが、九歳のとき、父が夜襲される。父は臨終に際して、法然にこう遺言する。

「敵討《かたきう》ちをしてはならぬ。そなたが敵討ちをすれば、相手の子供がまた、そなたを敵と狙うだろう。敵討ちが幾世代にも続いていく。愚かなことだ。父のことを思ってくれるなら、出家して、自ら仏法を求めておくれ」

敵討ちが当然の時代にあって、法然は遺言に従って菩提寺《ぼだいじ》（岡山県勝田郡奈義町《かつたぐんなぎちょう》）に入寺。十三歳で当時、最高学府とされていた比叡山にのぼる。十五歳で師の皇円《こうえん》から「源空」という僧名を授かり、正式な僧となった法然は皇円のもとで天台教学の研鑽《けんさん》につとめ、俊才ぶりは比叡山のなかでも知られる存在になっていく。

だが、どれほど仏教知識を積んでもさとりには至らず、法然は苦悩する。そして十八歳のとき、比叡山での栄達に背を向けると、皇円のもとを離れて、比叡山西塔《さいとう》地区の黒谷《くろだに》別所《べっしょ》で隠遁《いんとん》生活に入るのだった。

隠遁とは、名利《みょうり》を捨て、ひたすら仏道に励むことだ。当時の比叡山は、最高学府としての権威はあったものの、世俗の権力と結びつき、学問は栄達の手段と化していた。僧侶も堕落し、権力闘争や抗争を繰り返していたが、そんな比叡山のなかで黒谷別所だけが、求道者が修行に専念する遁世《とんせい》の地だった。

法然は、黒谷別所で「黒谷聖人《しょうにん》」と呼ばれる叡空に師事する。叡空は法然の出家の動機を聞き、仏道に対する探究心に感服し、「法然」の房号を授けるのは先に記したとおりだ。

さて、修行はさとりに至る道ではあるが、行きついた先に必ずしもさとりが横たわっているわけではない。黒谷別所で修行を続けながらも、さとりが開けないでいた法然は苦しみ、求道成就祈願のため、京都嵯峨の釈迦堂《しゃかどう》（現在の清凉寺《せいりょうじ》。京都市右京区）に七日間の参籠《さんろう》をする。本尊の釈迦如来立像《りゅうぞう》（国宝）は、「三国伝来の生身《しょうじん》の釈迦像」として広く信仰を集めており、法然は自身のさとりを釈迦の慈悲に頼ろうとしたのである。保元《ほうげん》元年（一一五六）、二十四歳の春のことだ。

自己の求道成就祈願が目的であったが、釈迦堂に参詣する人々の姿を見て、法然は改めて僧侶の使命に気づかされる。〝万民救済の仏教〟へ志を転じるのは、この釈迦堂参籠がきっかけだったといわれている。

釈迦堂参籠を終えた法然は、すぐに比叡山黒谷には戻らず、比叡山で学んできた仏法の確認のため、奈良や京都の大寺の学僧を訪ねる。学僧たちは、法然の知識の正しさと造詣《ぞうけい》の深さを認めたという。

## 法然が「専修念仏」を確信した決定的瞬間とは

法然は、比叡山黒谷での二十五年に及ぶ隠遁生活の間に、一切経《いっさいきょう》（大蔵経《だいぞうきょう》。当時は五〇四八巻だったといわれる）を五度にわたって読破し、「智慧第一の法然房」と豊かな学識を称賛された。その法然が、なぜ称名念仏を選び取るに至ったのか。

法然が探究したのが、源信の『往生要集』だ。先にも触れたように、『往生要集』で源信は観想念仏を理想とし、観想念仏をできない者は一心に称名念仏を行うべきであると説いている。だが、法然は『往生要集』を探究していくうちに「末法の時代にあっては、誰でもできる易行道《いぎょうどう》の称名念仏こそ、万民に浄土往生がかなう唯一の方法ではないか」と考えるようになっていく。だが、称名念仏のみを選び取る論拠を見出すことができないでいた。

そして、隠遁生活二十五年目の春のこと。前述のように、法然は善導の『観無量寿経《かんむりょうじゅきょう》』の註釈書『観経疏《かんぎょうしょ》』のなかにある一節――「一心専念弥陀名号」（一心に阿弥陀仏の名号を念ずることで阿弥陀仏の極楽浄土に往生できる。なぜなら阿弥陀仏の本願にかなっているからである）にめぐり合う。

称名念仏こそ万民救済の唯一の方法であるという確信を得た法然は、承安《じょうあん》五年（一一七五）、天台浄土教と訣別して比叡山をおり、浄土宗を開く。浄土宗では、法然が称名念仏を唯一の浄土往生の方法とする「専修念仏」に帰依したこの年を、立教開宗の年とする。

法然の数少ない著作の一つ『選択本願念仏集《せんちゃくほんがんねんぶつしゅう》』によると、「たちどころに他の行を捨て、称名念仏に帰依した」とある。その日から法然は他の修行はすべてやめ、毎日六万遍の念仏をとなえ続けたと伝わる。

## 信仰のあり方を端的に示す一問一答

念仏には三種行儀《さんじゅぎょうぎ》といって「尋常行儀《じんじょうぎょうぎ》（または日課《にっか》念仏）」「別時行儀《べつじぎょうぎ》」「臨終行儀《りんじゅうぎょうぎ》」の三つがある。尋常行儀は日常となえる念仏、別時行儀は特定の時と場所を決めてとなえる念仏、そして臨終行儀は、死に臨んで浄土に迎えられるようにとなえる念仏のこと。法然は「平生《へいぜい》の念仏が死すれば臨終の念仏となり、臨終の念仏が延びれば平生の念仏になる」と、日常の念仏を重視していた。

浄土宗では、日常生活の処し方をどう説いているのか。教義、生活態度、ものの考え方について、法然は門弟や信者たちの質問に答えている。それが『百四十五箇条問答』で、浄土宗の信仰のあり方を端的に示している。いくつか紹介する。

質問「一心に阿弥陀仏を念じたならば、たとえ心が改まらなくても、また、修行を一切することがなくても、浄土へ参ることができるのでしょうか」
回答「迷ったり心が動揺したりするのは凡夫にとってごく当たり前のこと。とても改められるものではありません。一心に念仏をとなえておられるならば、その罪は消滅して、必ず往生はかないます。妄想より重い罪でさえも、念仏さえとなえていれば消滅してしまいます」
質問「説法を聞いた女性に戒を守らせようとしたところ、その女性は〝破ってしまうかもしれないから、最初から守りません〟といっていうことを聞こうとしませんでした。説法を聞いているとき、たとえ一時であっても、戒を守ろうとするのは善いことであるといいますが、本当でしょうか」
回答「本当です。たとえ戒を守ろうとする気持ちがいつまでも続かなかったとしても、説法の場において、守ろうとする気持ちになったことは善いことなのです」
質問「この世で父母より先に死ぬのは罪なのでしょうか」
回答「この世の常で、両親の前に死ぬとか後に死ぬというのは人間の力の及ばないことです。だから罪ではありません。」
質問「(五戒の一つである)お酒を飲むのは罪になるのでしょうか」

回答「本来、お酒は飲んではならないものですが、この世の習いなので、やむを得ないでしょう」
質問「神仏を詣でる場合、三日行くのと一日行くのではどちらがよいでしょうか」
回答「すべては心を根本とします。幾日ならばよいといった出典はありません。一日と三日を単純にくらべてみれば、三日のほうがよいに決まっています」
質問「女房は何ごとにつけ嫉妬心が強いのですが、これはきっと罪深いのでしょうね」
回答「それは生まれつきの性格ですから急に変えることはできません。そんなことを考えるよりも、ただ一所懸命に念仏をとなえてください」
質問「説法を聞くことと寺社への参詣は、必ずしなければならないものでしょうか」
回答「しなくてもかまいません。静かに、ただ念仏をとなえてください」
質問「念仏を、百万遍を百度、つまり一億遍となえれば必ず往生するといいますが、命が短ければとなえきれません。どうすればいいでしょうか」
回答「それはとんでもない間違いです。念仏は百遍となえても往生しますし、十遍をとなえるだけでも往生します。また、特別な場合は、一遍の念仏でも往生ができるのです。念仏は回数ではなく信心の心です。回数にこだわるのは本末転倒というものです」

## 法然を一躍有名にした「大原問答」とは

念仏をとなえるだけで、貴賤《きせん》の別なく誰でも救われるという「専修念仏」は、たちまち民衆の心をとらえた。法然が移り住んだ東山吉水《ひがしやまよしみず》（京都市東山区）の庵《いおり》には、専修念仏のありがたい教えを聞こうと、日増しに民衆が集まってきた。平安から鎌倉に変わる源平争乱の時代。今生《こんじょう》の救いに絶望していた民衆は、「来世で幸せになれる」と説く法然の称名念仏の教えは、ひと筋の光明であった。これまで国家や貴族中心のものであった仏教が、民衆にひろまったということにおいても、専修念仏は日本仏教界に大変革をもたらしたといってよいだろう。

だが〝出る杭〟は打たれる。専修念仏に対して、奈良や比叡山の旧来の仏教側は警戒心をいだき、専修念仏の教義を論破すべく、天台宗の高僧、顕真《けんしん》が法然に公開討論を申し込むのだ。これが文治二年（一一八六）、京都大原の丈六堂《じょうろくどう》（現在の勝林院《しょうりんいん》。京都市左京区）で開かれた「大原問答」である。

丈六堂《じょうろくどう》には南都北嶺の高僧三十数名のほか、三百名にものぼる聴衆が集まり、討論は一昼夜にわたり繰り広げられた。

法然は、三論宗・法相宗・天台宗・真言宗など各宗の教えや修行法を詳しく述べたあと、「諸宗の教えはどれも優れています。しかし私のような愚かな者には、それらの教えではとてもさとりを得ることはかないません。中国浄土教の善導が教えるように、ひたすら念仏をとなえることでしか迷いの世界を離れることはできないのです。私は自分の能力の足りなさを述べているのであって、諸宗の布教の妨げをするようなものではありません」と語ったが、顕真をはじめ諸宗の高僧たちは納得しない。

「念仏だけで浄土往生できるなどということはあるわけがない」と反発し、「専修念仏」についてさまざまな疑問を投げかけていくが、比叡山で「智慧第一の法然房」と称賛された法然だ。それらを一つひとつ論破していき、やがて諸僧は念仏の素晴らしさに納得し、聴衆たちも法然の説く教説に魅せられるのだった。こうして丈六堂内では、参加した僧侶と聴衆たち全員が、公開討論を申し込んだ当の顕真の先導によって三日三晩、念仏を続けたといわれる。

大原問答をきっかけに法然の名声は一挙に高まる。東山吉水には、あらゆる階層の人々が専修念仏の教えを聞きに詰めかけ、信者となっていった。そのなかには貴族や武士もおり、時の摂政関白を務めた九条兼実《くじょうかねざね》、源頼朝の御家人である熊谷直実《くまがいなおざね》などもいた。法然の「専修念仏」は、仏教界に確固たる地歩を占め、燎原《りょうげん》の火のようにひろまっていくのだ。

## 法然はなぜ既成仏教教団から迫害されたのか

法然が説いた「専修念仏」の教えは、念仏のほか一切の修行を捨て去ったものだ。既成仏教教団にしてみれば、これまで営々と積み上げてきた本来の仏教的方法論――すなわち、厳しい修行を積んでさとりを得ること（これを「聖道門《しょうどうもん》」という）の否定になってしまう。

まして法然は比叡山をおりはしたものの、あくまで天台宗の僧侶の一人である。前述の大原問答によって称名念仏を世に知らしめた功績は認めるとしても、念仏のみをすすめて人々に支持されていく法然を、比叡山（天台宗）の僧たちはこころよく思わなかった。しかし、法然を指弾する理由がない。法然は、聖道門を捨てたのではなく、戒律を守ったまま、阿弥陀仏の救いによって浄土往生できる「浄土門」を選び取ったという念仏僧の立場を貫いていたからだ。

大原問答から約二十年が過ぎ、専修念仏が隆盛の一途をたどるなかで、法然は足をすくわれる。専修念仏の教えを曲解した門下の僧が、聖道門を否定し、浄土門のみに価値があると説いたのである。比叡山の僧たちは天台座主《ざす》真性《しんしょう》に「専修念仏停止《ちょうじ》」を訴え出る。元久《げんきゅう》元年（一二〇四）のことだった。

法然は訴えに対して一切の反論をせず、恭順の意を表する。法然以下門弟が言行を正すことを誓って「七箇条制誡《しちかじょうせいかい》」に連署し、ことを治めた。のちに浄土真宗の宗祖となる親鸞も「綽空《しゃっくう》」の僧名で署名している。七箇条制誡は「天台・真言の教説を破し、諸仏菩薩をそしらぬこと」「無智の身で有智の人と諍論《じょうろん》せぬこと」「仏法にあらざる邪法を説いて正法《しょうぼう》とせぬこと」など、屈辱とも思える誓いであった。

ところが皮肉にも、「七箇条制誡」を機に他宗派からの迫害は増していき、それは法然没後も数十年にわたり続くのである。

浄土宗が存亡の危機に直面するのは、「七箇条制誡」から二年後、建永《けんえい》元年（一二〇六）のことだ。他宗派からの迫害を受けながらも専修念仏が布教を続けられたのは、後鳥羽《ごとば》上皇が法然の念仏に同情的だったからだといわれるが、その上皇を激怒させる事件――「建永の法難」に見舞われる。上皇が留守の間に、寵愛する女官《にょかん》二人が、法然の門弟の安楽《あんらく》と住蓮《じゅうれん》が主催する法要に参加し、彼らの美声に惹かれて、無断で出家してしまったのである。

このことが上皇の逆鱗《げきりん》に触れる。翌年（一二〇七）、法然教団に念仏停止の宣旨《せんじ》が下り、安楽と住蓮のほか四人が死罪、法然ら八人が流罪となった。流罪者のなかには、門弟の中心的存在だった親鸞もいた。法然は四国へ、親鸞は越後に配流《はいる》になる。四年後の建暦《けんりゃく》元年（一二一二）、赦《ゆる》された法然は京都に戻るが、高齢のため、翌年一月に入滅する。

## 親鸞で有名な「悪人正機」。実は法然の言葉だった？

「悪人正機《あくにんしょうき》」説といえば、親鸞である。浄土真宗において重要な意味を持つ思想であり、『歎異抄《たんにしょう》』の「善人なほもつて往生をとぐ。いはんや悪人をや」――つまり、善人でさえ往生できるのだから悪人が往生できるのはなおさらのことである、という親鸞の言葉は広く知られている（26ページ参照）。

しかし、悪人正機はもともと、師である法然の言葉なのだ。法然の高弟の源智《げんち》が綴《つづ》った『法然上人伝記』、さらに親鸞の曾孫《ひまご》で本願寺三世覚如《かくにょ》が著した『口伝鈔《くでんしょう》』においても、法然の言葉として同じ文言が登場する。『歎異抄』に親鸞の言葉として出てくるのは、親鸞が法然から聞いた言葉として、門弟たちによく話し聞かせていたからだろう。

法然が説く悪人正機は「阿弥陀仏の本願は、念仏以外に救われない悪人のためにたてられた」とすることだ。法然自身は生涯にわたって戒律を守り、清貧僧として過ごすのだが、親鸞に対しては「戒を破ることになっても妻を娶《めと》ったほうが念仏をとなえられるならそうしなさい。しかし、妻を娶ることで念仏の妨げになるならやめなさい」とアドバイスした。

つまり、「念仏」は「持戒《じかい》＝戒を持《たも》つこと」よりも優先されるべきことであり、持戒、無戒、破戒を問う必要はないということだ。ここに誤解が生じやすく、「念仏の教えには持戒は必要ない」と間違った教えを説いた門弟を、法然は厳しく戒めた。

また、法然が遠く離れた門弟に宛てた手紙をまとめた『一紙小消息《いっしこしょうそく》』は、法然法語の一部として知られる。このなかで「罪人なお生まる、況《いわ》んや善人をや」（これまでたくさん罪を犯した人であっても、阿弥陀仏のおかげで往生できるのだから、まして罪を犯すことなく、念仏をとなえる善人が往生できないわけがない）——、悪人であっても、これからは小さな罪でも犯さないようにつとめ、念仏をしなさい、と教示する。つまり、「悪人であっても往生できる」と最初に説いたのは法然なのである。

## 念仏の実践はいたってシンプル

法然が説く「専修念仏」の教えは、「念仏をとなえさえすれば、人は等しく極楽浄土に往生できる」という実にシンプルなものだ。「難しい学問も、厳しい修行もいらない。ただ〝南無阿弥陀仏〟ととなえれば、極楽浄土に生まれ変わることができる」というのだから、人々の心をとらえるのは当然だろう。法然のもとには、入門希望者はもちろん、藁《わら》にもすがる思いの人、本当に救われるのかと半信半疑の人、自分は地獄に落ちるのではないかと心配している人など、さまざまな人が押し寄せた。

「南無阿弥陀仏」は六文字とシンプルだが、呪文ではない。法然は来訪者に念仏の素晴らしさを話すとともに、念仏の心得と実践法をやさしく説いた。それが「三心《さんじん》」と「四修《ししゅ》」だ。これは法然の主著『選択《せんちゃく》本願念仏集』でも解説している。

三心とは、念仏をとなえるにあたっての三つの心構えのこと。

一、至誠心《しじょうしん》………阿弥陀仏に通じるように真心を込めて念仏する素直な心。
二、深心《じんしん》…………凡夫が救われる道は念仏以外にないと深く信じる心。
三、回向発願心《えこうほつがんしん》……念仏の功徳により、皆ともに極楽往生したいと願う心。

四修とは、念仏者としての生活態度のこと。

一、恭敬修《くぎょうしゅ》……慎みと敬いの心を持って、念仏をとなえること。
二、無余修《むよしゅ》……一心に念仏をとなえること。
三、無間修《むけんじゅ》……休みなく念仏をとなえ続けること。
四、長時修《じょうじしゅ》……命の尽きるまで念仏をとなえること。

法然は、三心と四修について、「疑いなく往生させていただくと信じて念仏に励む人のうえには、自ずからそなわるものです」と語っている。

## 浄土宗の戒名（法号）の意味

戒名は、浄土宗では正式には「法号《ほうごう》」という。戒名は本来、二文字だが、一般的にはその上下に付け加えるいくつかの文字も含めて戒名という。浄土宗の戒名の構成は、上から「院号《いんごう》」「誉号《よごう》」「道号《どうごう》」「法号」「位号《いごう》」、そして位牌に戒名を刻むときは一番下に「霊位《れいい》」または「位」という置き字をつける。院号は、菩提寺や教団、社会に貢献した檀信徒に与えられる。誉号は念仏者をたたえる意味があり、「五重相伝《ごじゅうそうでん》」という奥義を修了した人に贈られる。道号は生前の徳を表す（子供にはつかない）。法号は本来の戒名。位号は年齢や性別、信仰の篤《あつ》さを表す。位号には「信士《しんじ》・信女《しんにょ》＝一般の檀信徒」「居士《こじ》・大姉《だいし》＝院号がつく檀信徒」「童子《どうじ》・童女《どうにょ》＝十五歳くらいまでの子供」「嬰児《えいじ》・嬰女《えいにょ》＝乳児」などがつく。

浄土宗の戒名の特徴は「誉号」があることだ。誉号が贈られる資格となる五重相伝は、仏弟子となって戒を授かる授戒会を受けた檀信徒が、さらに浄土宗の信仰を深めたいという場合に受ける奥義の相伝のこと。浄土宗僧侶の教育制度である「五重伝法」に倣《なら》って、浄土宗の教義を五段階で学ぶ。五重とは、宗祖法然の『往生記』、第二祖弁長《べんちょう》の『末代《まつだい》念仏授手印《ねんぶつじゅしゅいん》』、第三祖良忠《りょうちゅう》の『領解《りょうげ》末代念仏授手印鈔』と『決答《けっとう》授手印疑問鈔』、中国浄土教の高僧、曇鸞《どんらん》（四七六〜五四二）の『浄土論註《じょうどろんちゅう》（往生論註）』。これら五つの書物によって、浄土宗の教義を段階的に学び、最後に口伝により「十念」の作法が伝授される。

僧侶の五重伝法は、総本山知恩院《ちおんいん》（京都市東山区）と大本山増上寺《ぞうじょうじ》（東京都港区）で毎年十二月に三週間にわたって行われる。檀信徒向けの五重相伝は、本山では定期的に行われる。各寺院では住職一代につき一度は行うべき行事とされている。日程は五日間の寺院が多い。五重相伝の修了者は、浄土宗の奥義を受け継いだ証明書である「血脈《けちみゃく》」を受け、「誉号」を授かる。また、亡くなった家族に代わって身内が五重相伝を受け、故人に贈ることを「贈五重《おくりごじゅう》」という。贈五重を受けた故人も同様に血脈と誉号を授かる。

＊

法然は、「人の命は食事のとき、むせて死することもあるなり。南無阿弥陀仏とかみて、南無阿弥陀仏とのみ入るべきなり」と信者たちに語った。「人は食事のときにむせて死ぬこともあるのです。〝南無阿弥陀仏〟と噛んで、〝南無阿弥陀仏〟と飲み込むべきです」という意味である。いつ自分が死期を迎えてもいいように、常に念仏をとなえながら生きることが大切であることを説く、究極の言葉である。

**▼浄土宗のしきたり**

・**住職の呼び方**――「ご住職」「和尚《おしょう》さん」「お上人《しょうにん》さん」など

・**葬儀の意味**――故人を浄土へ旅立たせる儀式。「阿弥陀仏の救いを信じて〝南無阿弥陀仏〟と念仏をとなえる者は必ず極楽浄土に往生できる」という法然の教えをよりどころとして営まれる

・**葬儀の特徴**――僧侶とともに参列者一同が念仏をとなえる「念仏一会《ねんぶついちえ》」がある

・**焼香**――焼香の回数、線香の本数にとくに決まりはない。抹香は額《ひたい》の前にささげてから香炉に入れる

・**香典の表書き**――通夜・葬儀では「御霊前《ごれいぜん》」「御香典」「御香資《ごこうし》」、法事では「御《ご》仏前《ぶつぜん》」「御供御供物料」など

・**卒塔婆**――立てる

・**お墓**――墓石の正面は、「南無阿弥陀仏」「倶会一処《くえいっしょ》」など

# 第四章　現在の「お葬式」が曹洞宗から始まった経緯とは？

## 禅宗ではなぜ、住職を「方丈さん」「おしょうさん」と呼ぶのか

お坊さんの呼び方に困ったことはないだろうか。お坊さんのいないところでは「坊さん」「坊主」などと気軽に呼んでいても、面と向かうと戸惑ってしまうものだ。

菩提寺の僧侶であれば、宗派にかかわらず「お寺さん」、寺院の責任者であれば「ご住職」と呼ぶのが無難だろう。禅宗では、住職を「方丈《ほうじょう》さん」「ご老師」「和尚《おしょう》さん」などと呼ぶ。

方丈は、禅宗寺院の住職の居室から転じた呼び名だ。『維摩経《ゆいまきょう》』という大乗仏教のあり方を説いた経典に登場する維摩居士《こじ》の居室が一丈（約三メートル）四方の広さだったことに由来する。

老師は、たんに学徳のある僧を敬って呼ぶこともあるが、禅宗の場合は修行僧に印可《いんか》（さとりを得た証《あかし》）を与える立場にある師を敬って呼ぶ。

和尚は、もとは朝廷から認められた高僧に授けられる官名だった。宗派によって読み方が違い、天台宗では「かしょう」、真言宗では「わじょう」、そして禅宗や浄土宗では「おしょう」と読む。鎌倉時代に禅宗や浄土宗がひろまったことから、「和尚＝おしょう」が一般の人に使われるようになった。

ちなみに、浄土真宗は「和上《わじょう》」、日蓮宗は「上人《しょうにん》」と呼び、こちらも官名に由来する。

## 現代のトップリーダーたちが傾倒する「禅」

「禅」に傾倒するトップリーダーは、国の内外を問わず何人もいる。海外で一人だけ挙げるなら、アップル社を立ち上げたスティーブ・ジョブズ（故人）だろう。彼が「生涯の心の師」と仰いでいたのが、乙川弘文《おとがわこうぶん》という曹洞宗の僧侶であった。二人の交流は乙川の死まで実に三十年にも及んだという。ビジネスというリアルな現場で活躍するトップリーダーの彼らは、なぜ「禅」という精神世界に惹かれるのか。

坐禅《ざぜん》によって釈迦《しゃか》がさとりを得たことはよく知られている。坐禅とは、古代インドのバラモン教の修行法であるヨーガを取り入れたものだ。

釈迦は当初、六年にわたって数々の苦行を積み、さとりを得ようとしたがかなわず、苦《く》行《ぎょう》に偏ってては求める真理に至れないことに気づく。そして苦行を捨て、菩提樹《ぼだいじゅ》の下で坐禅を組み、瞑想に入って八日目、ついにさとりの境地に達する。このことからわかるように、禅とは、坐禅によってさとりの境地を体得することを目指すものである。

さとりとは、とらわれの心（煩悩《ぼんのう》）が完全に消滅した寂静《じゃくじょう》（静寂な心の状態のこと）をいう。私たちの心は欲望にまみれており、満たされぬ欲望によって苦しむ。寂静とは、この苦悩から解放され、客観的に本来の自己を見つめること。すなわち、さとりとは、寂静への気づきということなのだ。

坐禅には、自分の心を煩悩がはたらき出す前のニュートラルな状態に戻す作用があるとされる。新たな発想や、人生を前向きに生きていく力は、煩悩から解き放たれた心の状態から生まれる。だからこそ、世界のトップリーダーは禅に傾倒し、釈迦のさとりの境地を直接体験するために坐禅を組むのではないだろうか。

## 「だるまさん」のモデルとなった達磨大師

縁起物で知られる「だるまさん」にはモデルがいる。中国禅宗の初祖である菩提達磨《ぼだいだるま》（達磨大師。生没年不詳）がその人で、もともとはインドの僧侶だ。日本の禅宗でも達磨は「祖師」と仰がれ、曹洞宗《そうとう》、臨済宗《りんざい》にかかわらず、禅宗を語るうえで欠かせない重要人物である。だるまさんは、坐禅をしている達磨の姿を模したものとされている。

仏教がインドから中国に伝わったのは紀元前後といわれ、当初は経典を漢訳し、釈迦の教えを理論として学ぶことが主流で、実践をともなう禅の教えは断片的にしか伝わっていなかった。五二〇年頃、本格的な禅の教えが達磨によって中国にもたらされる。

達磨の来歴には諸説あり、その一つが、五世紀末に南インドの王子として生まれ、釈迦の教えを受け継いで二十八世祖師となり、中国に渡ったというもの。達磨は、少林武術でも知られる嵩山少林寺《すうざんしょうりんじ》に入ると、石窟《せっくつ》の壁に向かって九年間にわたって終日坐禅を行った。そのため、手足が壊死《えし》してなくなったとされる。この「達磨の面壁九年《めんぺきくねん》」の伝説から、達磨の姿を模して七転び八起きの玩具「だるまさん」は生まれた。

坐禅を通して得られる寂静は、中国老荘思想の「無為自然」に通じることから、坐禅は中国でおおいに受け入れられた。

のちに達磨の教えを受け継ぎ、中国禅宗二祖となる慧可《えか》（四八七〜五九三）の入門に際して、こんなエピソードがある。黙々と坐禅を続ける達磨に仏の姿を見た慧可が入門を請うも、達磨は無言だった。入門を請い続ける慧可はある日、自身の左腕を切り落として差し出し、決意の固さを示す。ようやく口を開いた達磨が「おまえは、何を求めているのか」と問うと、慧可は「私の心の不安を取り除いてください」と懇願。

「わかった。おまえの心をここに持ってきなさい。そうすれば、おまえの心を安らかにしてあげよう」

達磨はそう答えた。

それから慧可は、どうすれば心を持ち出すことができるのか、何日も身もだえするほど考えた。しかし、その答えは見つからない。

「達磨さま。私の不安の心を求めましたが、どうしても見つかりません」

訴える慧可に達磨はいった。

「そうか、おまえの不安の心は取り除けたということだな」

達磨のこのひと言によって、慧可はさとりを得た。ありもしない不安の心に振りまわされている自分に気づいたのである。

一切の迷いから解放された心を仏教用語で「安心《あんじん》」という。このエピソードは、「達磨《だるま》安心《あんじん》」という公案《こうあん》（禅宗の教育課題）として今も残っている。

達磨は、「禅とは何か」を以下の四句で表現している。

一、不立文字《ふりゅうもんじ》……釈迦の教えは言葉や文字ですべてを伝えることはできない。
二、教外別伝《きょうげべつでん》……釈迦の教えは師の心から弟子の心へ、直接体験として伝わる。
三、直指人心《じきしにんしん》……修行とは、自己の心を深く見つめ尽くすことだ。
四、見性成仏《けんしょうじょうぶつ》……以上のようにして、自己が本来持っている仏性（仏と変わらない心）に目覚めれば、それが「さとりを得て仏になること」であり、人間として完成されたということである。
　これは「達磨の四聖句」といわれ、現在も禅の根本思想として伝えられている。

## 「日常生活のすべてが禅」とはどういうこと？

寺院の建物のことを「伽藍《がらん》」という。「七堂伽藍」というのは、お寺の主要な堂舎の総称で、七つではない場合もある。七堂伽藍がどの堂舎を指すかは時代や宗派によって異なる。

禅宗では、仏殿（本尊をまつる本堂）、法堂《はっとう》（仏法を説く講堂）、山門《さんもん》（三門とも書く）、僧堂（修行僧の坐禅道場と居室を兼ねた堂舎）、庫院《くいん》（厨房《ちゅうぼう》兼寺務所。庫裡《くり》ともいう）、東司《とうす》（トイレ）、浴司《よくす》（浴室）の七堂で、曹洞宗の場合はそれらすべてが回廊でつながっている。

七堂伽藍にはそれぞれ仏尊がまつられていて、曹洞宗の七堂伽藍にまつられる仏尊は以下のとおり。
・仏殿……釈迦牟尼仏。
・法堂……さまざまだが、大本山永平寺は観音菩薩《かんのんぼさつ》。
・山門……仏法の守護神である仁王《におう》（金剛力士《こんごうりきし》）、あるいは四天王（東方に持国天《じこくてん》、南方に増長天《ぞうちょうてん》、西方に広目天《こうもくてん》、北方に多聞天《たもんてん》）。
・僧堂……修行者の代表として、智慧第一といわれる文殊菩薩《もんじゅぼさつ》。
・庫院……足の速さから鎮火と食べ物の神とされる韋駄天《いだてん》、あるいは豊穣をつかさどる大黒天《だいこくてん》。
・東司……不浄を清浄に転じる神である烏芻沙摩明王《うすさまみょうおう》。
・浴司……水により、さとりを得たといわれる跋陀婆羅菩薩《ばったばらぼさつ》。
禅宗の寺院では、起床、坐禅の開始・終了、勤行《ごんぎょう》（おつとめ）、食事の時間など生活のすべてを音で合図して知らせるため、さまざまな鳴り物があり、修行僧は、勤行以外は常に無言で行動する。なかでも僧堂・東司・浴司は大切な修行の場であり、口を開くことは一切許されないことから「三黙堂」と呼ばれる。トイレや風呂を使用する際も、まつられている仏尊に礼拝し、それぞれ使い方にも作法がある。

曹洞宗を開いた道元《どうげん》（一二〇〇～五三）は、禅修行は坐禅に限らないと説いた。「威儀《いぎ》即《そく》仏法　作法是宗旨《これしゅうし》」――仕事・食事・睡眠など日常生活すべてが修行であり、これらに関してもひたすら打ち込むことが禅的な生活であるとする。このことから曹洞宗の禅を「生活禅」ともいう。

曹洞宗の修行僧は現在も、道元が『永平清規《えいへいしんぎ》』にまとめた生活規則に則って生活している。

## 食事の作法にも厳しいワケは

日常生活のすべてを修行とする曹洞宗では、食事をつくることも、食べることも大切な修行である。道元の著作『永平清規』には「典座教訓《てんぞきょうくん》」という一編があり、典座（食事をつかさどる僧）の実務と心得、食事の重要性が説かれている。

典座のつとめの大切さは、次のエピソードで語られる。道元を乗せた船が中国明州《みんしゅう》の波止場（現在の浙江省寧波《せっこうしょうねいは》）にたどりつき、上陸まで三カ月ほど船に留め置かれたときのことだ。禅寺の年老いた典座が、日本産の椎茸を買い求めるため船にやってきた。道元は老典座に中国の仏教の話を聞くなどしてすっかり打ち解けたので、「一泊してもっと話を聞かせてほしい」と頼む。すると老典座は「食事をつくるために寺に帰らねばならない」

と断ったのである。道元にしてみれば、なぜ年配のこの僧がわざわざ食事の支度《したく》をしなければならないのか不思議で、

「あなたほどの僧が食事などつくらなくても、若い僧に任せておけばいいではないですか」

と引き止めたところが、

「あなたは修行とは何であるかをおわかりではない。しかしあなたなら、きっとわかる日が来るだろう」

と言い残して帰っていった。こうして道元は老典座から、坐禅や経典を学ぶことばかりではなく、生活のすべてが修行の実践であることを教えられたのだった。

「典座教訓」には、典座の心得として「三心」という心得を示している。

・喜心《きしん》……すべてのことに喜んで取り組む心。
・老心《ろうしん》……すべてのものに対するいたわりの心。
・大心《たいしん》……一つのことに偏らず、こだわらない広い心。

三心は、典座の仕事だけでなく、すべてに通じる心である。また道元は、「水一滴も仏のおん命なり」と、水や食材を無駄にしないことも説いている。

食事づくりの基本は、「五色《ごしき》」「五味《ごみ》」「五法《ごほう》」のバランスが大切だと述べる。

五色とは、赤・白・緑・黄・黒の食材のことで、これらをバランスよく使う。五味とは、甘い・辛い・酸っぱい・苦い・塩辛いの五つをいい、一つの味に偏らないこと。五法とは、生・煮る・焼く・揚げる・蒸すというさまざまな調理法で食材の味を引き出すこと。こうして旬の食材の持つ「命」をいただくことを説いた。

精進料理《しょうじんりょうり》は、鎌倉時代に禅の教えとともに中国から伝わった。油で揚げる、炒めるという調理法と、味噌や醤油を使った味つけは、日本の食文化に革命をもたらした。

それまで日本の料理は、生か、ゆでたものに塩や醤《ひしお》（味噌・醤油の原形）をつけて食べる簡素なものだっただけに、大陸伝来の精進料理は目新しいものだった。

精進料理は殺生をしないため、肉や魚を避け、菜食中心となる。限られた食材を工夫して調理することから、さまざまな加工食品や料理が生まれた。豆腐、湯葉《ゆば》、麩《ふ》、こんにゃく、そして白和《しらあ》え、伽羅煮《きゃらに》、精進蒸しなど現在の日本食文化の基礎になっている。食事は身を養うだけでなく、仏の智慧を育てる大切なものであることがわかる。

また、食事をする作法も細かく決まっており、道元の著作『赴粥飯法《ふしゅくはんぽう》』『正法眼蔵示庫院文《しょうぼうげんぞうじこいんもん》』などに記されている。「迷い箸をしない」「食事中に歯にはさまったものを取るときの注意」「食器を洗う作法」などといった作法を、ていねいに教えている。

## 現代の仏式のお葬式の始まりは曹洞宗だった？

在家信者の葬儀は、江戸時代までは上級武士を除いてほとんど行われていなかった。ただ、道元が在家信者に対して臨終行儀（枕経《まくらぎょう》）を行ったと思われる記録もあり、まったく行わなかったということではないらしい。また、あとで紹介する曹洞宗のもう一人の宗祖である瑩山《けいざん》（一二六四～一三二五）が元亨《げんこう》四年（一三二四）に制定した『瑩山清規《しんぎ》』には、在家信者に向けた供養の作法が記されている。

室町・戦国時代、曹洞宗は全国にひろまり、その頃から有力信者である武士などに対して、授戒や引導《いんどう》を渡してから火葬や土葬をするようになったようだ。それが一般民衆にひろまったのは江戸時代からである。「引導を渡す」とは「仏道に導く」という意味で、僧侶が導師となることで、故人はさとりの世界に導かれるというわけである。

現在の在家信者の葬儀形式は、授戒・読経・引導が中心となる。授戒がない浄土真宗以外の仏教宗派の葬儀はほとんど同じだ。この形式で最初に葬儀を行ったのは、曹洞宗である。

曹洞宗の在家信者の葬儀は『檀信徒葬儀法』に則って行われる。葬儀の中核となるのは、引導の儀式だ。導師は、法語（さとりの心境を述べた自作の漢詩）をとなえ、最後に強い声で「喝《かつ》」や「露《ろ》」などと一声する。それと同時に、松明《たいまつ》を模した法具で、完全なるさとりを表して円を描く。これは、火葬の点火も意味する。こうして故人に生への執着を捨てさせ、遺族にも故人への未練を捨てさせるのが曹洞宗の葬儀である。

## 曹洞宗の二人の宗祖

曹洞宗では、宗祖を二人立てて「両祖」と呼んでいる。一人は道元、もう一人は道元から四代目にあたる瑩山である。道元は曹洞宗の父として「太祖《たいそ》＝法統（宗旨）の祖」、瑩山は母として「高祖＝寺統（教団）の祖」と呼ばれている。

道元は中国（宋《そう》）に渡って禅宗の一派である中国曹洞宗を修め、帰国して曹洞宗を開いた。鎌倉時代前半の乱世の時代を生き、鎌倉仏教（浄土宗・浄土真宗・臨済宗・曹洞宗・日蓮宗など）の担い手として活躍した一人だが、道元は自身の教団を「曹洞宗」と呼んだことはない。

理由は道元の仏教観によるもので、二つ考えられる。一つは、「釈迦の教えである経典を繙《ひもと》けば、さまざまな教えがある。それらはすべて、紛れもなく仏教である。それなのに一つの教え、あるいは一つの経典だけを選び取って、何々宗と名乗るのはいかがなものだろうか」という態度であったこと。

もう一つは、「釈迦が説いた仏教を受け継ぐ二十八世祖師であり、中国禅宗の初祖である達磨からの正統を受け継いでいるのだから、宗名を名乗るなら〝仏教〟である」と道元は思っていたとされる。

ちなみに「曹洞宗」という名称は、曹渓山大鑑慧能《そうけいざんだいかんえのう》（仏教三十三世祖師。中国禅宗六世代祖師）と洞山良价《とうざんりょうかい》（仏教三十八世祖師。中国曹洞宗初祖）の頭文字をとったものと伝わる。道元は、この系譜を正しく嗣《つ》いでおり、いわば仏教五十一世祖師にあたる。「曹洞宗」を名乗るようになるのは、瑩山の頃からだといわれ、宗門では道元と瑩山を両祖としている。

瑩山が残した数々の功績の一つが、禅の教えに加持祈祷《かじきとう》など密教的な要素を取り入れたことだ。瑩山は諸国修行で密教も学んだ。布教の中心だった加賀や能登は、神仏習合の修《しゅ》験道《げんどう》が盛んな地域だったことから、密教化することで禅の教えをひろめやすかったのだろう。ちなみに總持寺《そうじじ》（神奈川県横浜市。当時は石川県輪島市）も、瑩山が真言宗から曹洞宗に改宗した寺院に始まり、こうした方法で教団を急成長させる。

瑩山の二つ目の功績は、優秀な門弟を数多く育成したことだ。その弟子たちが全国に拡散し、下級武士や商人、農民に至るまで幅広く帰依を受ける。瑩山の二大弟子として知られるのは、峨山《がさん》(一二七六〜一三六六)と明峰《めいほう》(一二七七〜一三五〇)だ。この二人からも優秀な弟子たちが育った。

そして三つ目として、女人成道《にょにんじょうどう》(女性救済)を説き、女性出家者や女性信者を大切にしたことがあげられる。こうして瑩山の系譜は全国にひろまっていくのだった。

## 道元は天皇家の血を引いていた?

曹洞宗の太祖である道元は、鎌倉時代草創期、正治《しょうじ》二年(一二〇〇)に京都で生まれた。父は内大臣の久我通親《こがみちちか》、村上天皇から分かれた村上源氏の流れを汲む当主だった。母は摂政関白藤原基房《ふじわらのもとふさ》の娘と伝えられる。木曽義仲《きそのよしなか》に嫁ぎ、義仲没後に通親の側室となり、道元が生まれた。道元が天皇家の血を引いている名門の出であることは確かなようだ。

幼くして父母を亡くした道元は、十三歳で比叡山にのぼる。翌年、正式な僧となり、「道元」の僧名を授かる。その命名は、『華厳経』の「信は道の元にして功徳の母たり」(仏法を信じることが仏道の根幹であり、それは功徳を生む母のような存在である)という一節に由来していると伝わる。

道元は比叡山で天台宗の基本教学を学ぶが、研鑽を積むほどに仏法についての大きな疑問が生じた。大乗仏教では「本来本法性《ほんほっしょう》　天然自性身《じしょうしん》」と教える。すなわち、人間は生まれながらに仏性《ぶっしょう》をそなえ、人間も自然もすべては仏が姿を変えたものであることを説いている。ならば「生まれながらにして仏と変わらない心を持っている人間がなぜ、仏になるための修行をしなければならないのか」——この疑問に答えてくれる僧は、比叡山にはいなかった。

道元は、疑問を解決してくれる正師《しょうし》を求め、入門からわずか二年で比叡山をおりる。当時の比叡山は世俗化し、名利を求める僧たちも目立ち、真剣に学ぼうとする者は比叡山の奥地に隠棲したり、山をおりていった。

比叡山をおりた道元は正師を求めて各地を訪ね歩き、たどりついたのが、建仁寺《けんにんじ》（京都市東山区。臨済宗）を開いた栄西（一一四一〜一二一五）だった。栄西は、当時の中国（宋《そう》）で仏教の主流となっていた臨済禅を学び、日本へ伝えた僧として知られていた。間もなくして栄西は亡くなるが、新しい禅と出合った道元は、九年間、建仁寺で禅修行を積んだ。そして、さらに本格的に禅を学ぶため正師を求めて中国に渡るのだった。

## 道元はいかにしてさとりを得たのか

貞応《じょうおう》二年（一二二三）春、道元は中国に渡るが、正師にめぐり会えず、二年を費やして、ようやく天童山景徳寺《てんどうざんけいとくじ》の住職、如浄《にょじょう》（一一六二？〜一二二七）に出会う。如浄は、中国曹洞宗の法統を嗣ぐ高僧であり、厳しい修行で知られていた。それだけに如浄の目にかなう僧侶は少なく、多くが入門を断られていた。その如浄が道元をひと目見て、正法《しょうぼう》（釈迦の正しい教え）を受け継ぐにふさわしい僧だと見抜いたという。

道元のさとりのときは、如浄に師事して数カ月後の早朝、突然やってきた。参禅中、一人の修行僧が居眠りをしていた。それを見つけ、如浄の叱責が飛ぶ。

「坐禅はすべからく身心脱落《しんじんだつらく》なるべし。居眠りをするとは何ごとか！」

「身心脱落」とは、身も心も一切の束縛から解き放たれ、自由になることを意味する。道元は「身心脱落」という言葉を聞いた瞬間、かねてからの疑問がすっと消えた。

「坐禅は、そのまま身心脱落なのだ。さとりを求めるのではなく、ただひたすら坐禅することが、自身が仏の心を持つ証《あかし》であり、さとりの確かめなのだ」——つまり、人間は仏性があるからこそ坐禅ができるのであるということに気づいたのである。

道元はすぐさま袈裟《けさ》を掛けて如浄の部屋へ行き、

「身心脱落し来《きた》る」

と、さとりを得たことを報告した。如浄は「身心脱落、脱落身心……」と何度も繰り返して、道元の大悟《たいご》（さとりを得たこと）を認めたのだった。

それから約二年間、如浄のもとで「悟後《ごご》（さとりを得たあと）の修行」を続けた道元は、嘉禄《かろく》三年（一二二七）、如浄から印可状《いんかじょう》（さとりの証明書）、代々伝わる袈裟、如浄の頂相《ちんぞう》（肖像画）などを授かり、帰国する。道元の帰国にあたって如浄は、「権力に近づくな。深山幽谷《しんざんゆうこく》に住み、一人でもよいから本物の弟子を育て、禅の教えを絶やしてはならない」と命じたと伝えられる。如浄が没するのは、道元が帰国して間もなくのことだった。

## 永平寺を拠点に選んだ理由

帰国した道元は、建仁寺に戻る。しかし当時の面影はなく、規律が乱れて世俗にまみれた寺院となっていたようだ。建仁寺は栄西が開いた当初、禅・密教・天台教学（法華円教）との三宗兼修の寺院だった。栄西は禅の専修寺院としたかったのだが、比叡山など既成仏教勢力による弾圧があって兼修を余儀なくされていたのだ。

「専修禅」の独立寺院を目指す道元は、建仁寺において『普勧坐禅儀《ふかんざぜんぎ》』を著した。これは「普《あまね》くすべての人に坐禅をすすめる作法書」であり、いうなれば、道元の開教宣言の書である。

比叡山では、坐禅は「止観《しかん》」と呼ばれ、心を静めることを目的とした瞑想法に過ぎなかった。それに対して道元は、『普勧坐禅儀』に「所謂《いわゆる》坐禅は習禅には非《あら》ず　唯《た》だ是《こ》れ安楽の法門なり」――すなわち、坐禅はさとりを得るための修行ではなく、安楽なさとりの境地そのものである、と記している。

「専修禅」を主張する道元に対して、既成仏教勢力からの弾圧はすぐに始まった。もはや留まる理由はないと感じた道元は建仁寺を去り、京都のはずれの深草《ふかくさ》の地（京都市伏見区）に興聖寺《こうしょうじ》を開く。ここが日本で最初の「専修禅」の道場となる。道元は興聖寺で「難しい学問はいりません。心から仏にあこがれ、ひたすら仏性を求めたとき、すでにあなたの仏性ははたらいているのです」と説き、人々に坐禅をすすめた。こうして、京都のはずれから〝禅ブーム〟が起こるのだった。

しかし、活気づいた興聖寺を面白く思わないのが、比叡山をはじめとする既成仏教勢力である。彼らによる弾圧が表面化し、道元の身に危険が及ぶようになった寛元《かんげん》元年（一二四三）、有力信者の波多野義重《はたのよししげ》のすすめで興聖寺を離れ、越前国志比庄《えちぜんのくにしひのしょう》（現在の福井県吉田郡永平寺町）に移転した。この地は波多野氏が地頭を務めており、道元の身の安全は確保された。翌年、山中に堂舎を建立して大仏寺《だいぶつじ》を開き、さらにその二年後の寛元《かんげん》四年（一二四六）に大仏寺を「永平寺《えいへいじ》」と改称。寺号は、仏教が中国に伝来した後漢の明帝《めいてい》時代の永平年間（五八〜七五）の元号に倣ったとされる。ちなみに興聖寺は荒廃し、江戸時代初期になって現在地の京都府宇治市に再興された。

道元が、生まれ育った京都を離れる決意をした第一の理由は、前述のように、既成仏教勢力の迫害によって京都での布教が難しくなったこともあるが、師の如浄から受けた「権力に近づくな。深山幽谷に住み……」の言葉が影響していたこともあるだろう。

晩年の道元は、やはり師の言葉である「一人でもよいから本物の弟子を育て、禅の教えを絶やしてはならない」を胸に、弟子の育成と執筆に明け暮れる。そして懐奘《えじょう》（一一九八〜一二八〇）という素晴らしい一番弟子を育て、建長《けんちょう》五年（一二五三）、五十四歳で没する。

## 道元が著した『正法眼蔵』の何がすごいのか

道元の著書として知られる『正法眼蔵《しょうぼうげんぞう》』は、曹洞宗の根本聖典である。京都深草の興聖寺時代から亡くなる年まで二十三年間にわたって執筆したり、説法をまとめたもので、道元の仏教思想の集大成だ。道元の没後に編集されているため九十五巻本、七十五巻本、十二巻本などがある。

題名は「釈迦の正しい教えをありのままに照らし示す書」という意味で、『正法眼蔵』とされた。内容は、道元の禅の思想を中心に、仏法の真理、宗門の規則、坐禅指導法などが示されている。

たとえば「現成公案《げんじょうこうあん》」という巻には、

「仏道をならうというは、自己をならうなり。自己をならうというは、自己をわするるなり」（仏道を学ぶことは、自分自身を学ぶということである。自分を学ぶということは、自分の知識や経験、思慮分別を捨て去り、仏道に身を投じることである）

と述べている。これは、道元の仏教思想の根幹をなすものであり、仏道の出発点を述べたものといっていいだろう。

檀信徒のおつとめ（勤行《ごんぎょう》）でも親しまれている『修証義《しゅしょうぎ》』は、『正法眼蔵』から重要な言葉を抜粋し、道元の教えを檀信徒にもわかりやすくまとめたものである。全五章三十一節からなり、曹洞宗の教義を綴った宗門の教科書として明治時代中期に制定された。

『修証義』というタイトルは、「修＝修行」と「証＝さとり」の「義＝意義」という意味で、人間としての根本的な生き方を説いている。

たとえば、次のような一節がある。

「衆生《しゅじょう》を利益《りやく》すというは四枚《しまい》の般若《はんにゃ》あり。一つには布施《ふせ》、二つには愛語《あいご》、三つには利行《りぎょう》、四つには同事《どうじ》。是《こ》れ則《すなわ》ち薩埵《さった》の行願《ぎょうがん》なり」（人々を幸せにするためには、四つの智慧《ちえ》（方法）がある。むさぼりの心を持たないこと（布施）、思いやりのある言葉をかけること（愛語）、困っている人を助けること（利行）、お互いが分け隔てなく暮らすこと（同事）である。これらは、菩薩が成し遂げようとしている誓願である）

このように『修証義』では、仏教の根本思想に触れながら、日々をどのように過ごせば仏の生活に近づくことができるかを教えてくれる。

## 臨済宗と曹洞宗では坐禅の作法に違いが

日本の禅宗のおもな宗派は「臨済宗」「曹洞宗」「黄檗宗《おうばくしゅう》」の三宗派である。いずれも中国禅宗の初祖菩提達磨の流れを汲み、分派の過程で修行方法などに違いが生まれた。

三宗派の「坐禅」に対する考え方の違いを簡単にいうと、臨済宗が坐禅を「さとりの手段」とするのに対して、曹洞宗は坐禅する姿そのものを「さとりの姿」とし、黄檗宗は坐禅と念仏を融合させたものということになる。

臨済宗は、平安時代末期に栄西が中国から伝えた。師僧から与えられた課題（公案）を考え、師僧といわゆる「禅問答」を繰り返してさとりを目指す。〝話を看《み》る禅〟ということで「看話禅《かんなぜん》」という。

これに対して曹洞宗は、先に述べたように坐禅に目的や意味を求めず、坐禅をしている姿そのものが仏の姿（さとりの姿）と考える。〝ただ黙々と坐《すわ》る〟ことから「黙照禅《もくしょうぜん》」という。曹洞宗では禅問答は行わないが、公案を用いた講義は行われる。

臨済宗は鎌倉幕府の帰依《きえ》を受けて、おもに上級武士にひろまる。曹洞宗は道元が師である如浄の遺言を守って権力には近づかなかったため、下級武士や民衆にひろまる。このことから「臨済将軍、曹洞土民」といわれた。

臨済宗と曹洞宗では、坐禅に対する考え方だけでなく、坐禅の作法も違う。壁を背にするのが臨済宗で、壁に向かって坐るのが曹洞宗だ。坐蒲《ざふ》（坐禅用の坐蒲団《ざぶとん》）の形も、臨済宗は四角く、曹洞宗は丸い。

坐禅道場では、指導役の僧が、修行者の眠気や気のゆるみを戒めるために、肩を叩《たた》く棒を持って道場内をまわる。この棒の名称は「警策」と書くが、臨済宗では「けいさく」、曹洞宗では「きょうさく」と読む。また警策は、臨済宗では前から両肩に受けるの対して、曹洞宗では後ろから右肩のみに受ける。なぜ右肩のみかといえば、曹洞宗では早朝の暁天《ぎょうてん》坐禅を除いて袈裟を掛けて行い、左肩には袈裟が掛かっているからだ。

ちなみに黄檗宗は江戸時代前期、中国臨済宗の法統を嗣ぐ隠元《いんげん》（183ページ参照）が伝えた。そのため、坐禅の作法は臨済宗と同じだ。ただ、栄西の時代の臨済宗とはまったく様相を異にしており、念仏と坐禅を組み合わせた「念禅一致」の特色がうかがえる。

## 禅宗にとっての袈裟の重要性と、その特徴

禅宗の袈裟の特徴は、左胸の部分に「環《かん》」と呼ばれる輪がついていることだ。環は、法要時の正式な袈裟にも、首から掛ける略式の袈裟「絡子《らくす》」にもついている。ちなみに「作務衣《さむえ》」は、禅宗の修行僧が作務（作業）のときに着ることからその名がついた。

禅宗では、袈裟は釈迦の教えが正しく伝わった証として、師僧から弟子へ代々引き継がれる。道元は『正法眼蔵』の「伝衣《でんえ》」と「袈裟功徳《くどく》」の巻で、袈裟の意義と功徳について、ていねいに説いている。「伝衣」とは、師から弟子に伝えられる法衣のことである。道元は、袈裟を僧侶が身につける衣装として以上に大切にしたのだ。

それを裏づける道元の中国での修行中のエピソードがある。早朝、隣の修行僧が自身の袈裟を袱紗《ふくさ》から取り出して頭の上にのせ、合掌し、経文をとなえてから身につけた。となえたのは『搭袈裟偈《たっけさのげ》』である。道元は『阿含経《あごんきょう》』という古い経典のなかに「袈裟を頂戴する」という記述を目にしていたが、その作法は知らなかった。実際に隣の修行僧がとなえた『搭袈裟偈』を聞き、感激のあまり涙を流したという。

その『搭袈裟偈』は、以下のとおり。

「大哉解脱服《だいさいげだっぷく》　無相福田衣《むそうふくでんえ》　披奉如来教《ひぶにょらいきょう》　広度諸衆生《こうどしょしゅじょう》」

意訳すれば、「この偉大なるさとりの服よ。人間のあらゆる執着心、煩悩を除く幸せの法衣よ。これを身につけることによって、お釈迦さまより伝えられてきた真の教えをひろめ、生きとし生けるものを救いたい」という誓いの言葉である。

＊

「初発心時《しょほっしんじ》　便成正覚《べんじょうしょうがく》」という禅語がある。「何かを志したとき、それはすでに成就している」という意味だ。道元がすすめる坐禅には初心者も熟練者も関係ない。修証一如＝修行（坐禅）そのものが悟りである、と考えるからだ。「坐禅でもやってみようか」と思ったとき、あなたはすでに仏としての自己を自覚しているのである。

### ▼曹洞宗のしきたり

・**住職の呼び方**――「ご住職」「和尚《おしょう》さん」「方丈《ほうじょう》さん」「ご老師《ろうし》」など

・**葬儀の意味**――故人との別れを惜しみ、冥福（死後の幸せ）を祈る儀式

・**葬儀の特徴**――導師が橋渡し役となり、故人をさとりの世界へ導くために「引導法語」をとなえる。鳴り物を打ち鳴らして諸仏を招き、この音曲《おんぎょく》の中で故人を諸仏と一緒にさとりの世界へ送り出す

・**焼香**――焼香は二回。一回目のみ抹香は額《ひたい》の前にささげてから香炉に入れる

・**香典の表書き**――通夜・葬儀では「御霊前《ごれいぜん》」、法事では「御仏前《ごぶつぜん》」、通夜・葬儀・法要共通で「御香典」など

・**卒塔婆**――立てる

・**お墓**――（墓石の正面は）「南無釈迦牟尼仏」など。「○○家（先祖代々）之墓」の場合は、文字の上に、禅のさとりの境地「空《くう》」を表す円相《えんそう》「○」を刻むこともある

# 第五章　日蓮宗ではなぜ「南無妙法蓮華経」の題目をとなえるのか？

## 寅さんで有名な「柴又帝釈天」は日蓮宗の寺院

映画『男はつらいよ』の舞台となった柴又帝釈天《しばまたたいしゃくてん》（東京都葛飾区）の正式名称は「経《きょう》栄山題経寺《えいざんだいきょうじ》」というが、「帝釈天のお寺」として親しまれていることから「帝釈天題経寺」と公称している。帝釈天は仏法の守護神といわれ、とくに日蓮宗では『法華経』とその行者の守護神とされる。

題経寺は江戸時代初期の寛永《かんえい》六年（一六二九）、中山法華経寺《なかやまほけきょうじ》（１３４ページ参照）の禅那院日忠《ぜんないんにっちゅう》と、弟子の題経院日栄《だいきょういんにちえい》という二人の僧によって創建された。

二天門をくぐった正面に帝釈堂があるが、お寺の本尊は帝釈天ではない。宗祖日蓮《にちれん》（一二二二～一二八二）をまつる祖師堂を本堂とし、本来の本尊である釈迦如来像《しゃかにょらいぞう》をまつる釈迦堂が右手奥にある。

帝釈堂に安置される帝釈天の板本尊は、八〇センチ×五〇センチの梨の木の板に刻まれ、裏には「南無妙法蓮華経《なむみょうほうれんげきょう》」という「題目《だいもく》」の文字と『法華経』の「薬王菩薩本事品《やくおうぼさつほんじほん》第二十三」の要文が刻まれている。宗祖日蓮自刻と伝わり、この板本尊には逸話がある。

板本尊は、しばらく行方不明になっていたが、安永《あんえい》八年（一七七九）に題経寺九世住職の日敬《にっきょう》が改修中の帝釈堂から見つけ出した。それから四年後、「天明《てんめい》の飢饉《ききん》」が起こったとき、日敬が板本尊を背負って江戸や下総国《しもうさのくに》をまわって出開帳《でがいちょう》（本尊や秘仏などを他の場所に運んで開帳すること）を行ったところ、さまざまな効験《こうげん》があったことから「柴又帝釈天」の名がひろまり、参詣者でにぎわうようになっていくのである。日敬は帝釈天の板本尊が見つかった「庚申《こうしん》の日」を帝釈天の縁日とした。

## 「南無妙法蓮華経」に込められた日蓮宗の特徴とは

「南無《なむ》」は、梵語《ぼんご》の「ナマス」を音写した仏教用語で、漢訳すると「帰依《きえ》」（心から信じ、よりどころとすること）となる。したがって、他宗の「となえ言葉」は次のように読み解かれる。

「南無阿弥陀仏《なむあみだぶつ》」……阿弥陀仏を心から信じ、よりどころとします。阿弥陀さまの救いに

鼓の音にたとえているからだ。太鼓の音によって周囲の人々に菩提心《ぼだいしん》（さとりを求める気持ち）を呼び起こさせる。

もともとは、題目をとなえながら行脚する「撃鼓唱題《ぎゃっくしょうだい》」のときに使われる。撃鼓唱題は近年、交通事情などによりあまり行われなくなったが、日蓮宗の代表的な行事の「お会式《えしき》」（日蓮の忌日法要）などで見ることができる。

また、日蓮宗の多くの寺院本堂には団扇太鼓が多数用意され、法要の際に参列者が全員で打ち鳴らす。家庭の仏壇に用意している檀信徒《だんしんと》もあり、朝夕のおつとめ（勤行《ごんぎょう》）のときに使われる。

そのほかに日蓮宗の独特な鳴り物の法具として「木柾《もくしょう》」がある。金属製の鉦鼓《しょうこ》を木製にしたもので、木魚のように読経の拍子をとるために使われる。欅《けやき》や楓《かえで》の木でつくられ、木魚よりも甲高《かんだか》い音がする。

## 日蓮宗の僧侶は見た目でわかる？

「法衣《ほうえ》」と呼ばれる僧侶の服装の基本は、衣を着て、その上から袈裟《けさ》を掛ける。仏教宗派にかかわらず「五条袈裟《ごじょうげさ》」「七条袈裟《しちじょうげさ》」「九条袈裟《くじょうげさ》」などがあり、条《じょう》の数が多いほど格式が高い。また、法衣の色にも格式があり、日蓮宗の場合は、格式の高位から緋色《ひいろ》・深紫・白・水色・黒の順となる。

ちなみに袈裟は、古代インドで僧侶が身にまとっていた衣装が発展したものだ。当時は使い古され捨てられた布を草木などで染めて用いた。その染め色は、壊色《えじき》（人が好まない混濁した色）で、その色を意味する梵語のカシャーヤを音写して「袈裟」となった。

染められた布をつなぎ合わせて縦につないだものを「条」と呼び、それを横に何条か縫い合わせたものが袈裟となるわけだが、糞のように捨てられたボロ布をつなぎ合わせたことから「糞掃衣《ふんぞうえ》」、縫い合わせた見た目が田んぼのように見えることから「福田衣《ふくでんえ》」とも呼ばれる。

インドの僧は気候の関係から一枚の袈裟を体に巻きつけただけで日々を過ごしていたが、仏教がインドから中国、日本へと気温が低い地域に伝わったことから、衣を着た上から袈裟を掛けた。そして袈裟は、やがて威厳を表す装飾的な衣装になっていった。

日蓮宗の僧侶の礼装には、天台宗や真言宗、禅宗などの影響が見られ、さらに律宗の要素も入っている。日蓮宗の僧侶の服装として特徴的なのは略装だ。改良服（道服《どうぶく》とも呼ばれる）に「指貫《さしぬき》」というくくり袴《ばかま》をつけるのは他宗と同様だが、「折五条《おりごじょう》」という肩袈裟を左肩からたすき掛けにする。折五条は五条袈裟を細長く折りたたんだことに由来する袈裟だ。たすき掛けにするのは日蓮系の宗派だけなので、たすき掛けに肩袈裟を掛けていれば、日蓮宗の僧侶だとすぐにわかる。

## なぜ宗祖の名前が宗名になったのか

「日蓮」という僧名（法号）は建長《けんちょう》五年（一二五三）、日蓮が三十二歳で立教開宗宣言をした年、あるいはその翌年に、本来の僧名である「蓮長《れんちょう》」から改めたものだ。「蓮」は、泥水のなかにあっても清らかに咲く蓮華《れんげ》のような真の仏弟子《ぶつでし》となって人々を導きなさいと、師から授かったもの。「日」は、日輪（太陽）が世の人々をあまねく照らすように『法華経』の光明が人々を照らしていることを表し、自ら命名した。

自分の僧名が、そのまま宗名になるとは日蓮も想像していなかっただろう。「日蓮宗」という宗名を公称するようになったのは明治時代である。「信教自由令」が公布された明治九年（一八七六）、日蓮宗総本山となる身延山久遠寺《みのぶさんくおんじ》七十三世新居日薩《あらいにっさつ》（一八三〇〜一八八八）のときだ。

これには逸話がある。それまで日蓮教団は「法華衆《ほっけしゅう》」あるいは「法華宗」と呼ばれ、多くの門派に分かれていた。明治政府は日蓮教団に門派の統合を迫ったため、新しい宗名を決めることになった。これまでの歴史的背景からすると「法華宗」という統一宗名がいちばんしっくりしそうだが、多くの門派が、わが門流こそが「法華宗」であると譲らなかった。そこで、各門派から異議が出そうにない「日蓮宗」に決まったという。宗祖日蓮の名のもとに大同団結をはかったのだ。日蓮のカリスマ性が如実に表れたエピソードである。

## 仏壇にまつる「大曼荼羅本尊」とは

日蓮宗では、釈迦牟尼仏《しゃかむにぶつ》（釈迦如来）を本尊としている。

『法華経』の「如来寿量品《にょらいじゅりょうほん》第十六」に、

「釈迦はこの世に生まれ、初めてさとりを開いて仏となったのではなく、永遠の過去にさとりを開いて仏となって以来、人々を救済し続けている常在不滅の仏である」

と説かれていることから、日蓮は釈迦牟尼仏を「久遠実成《くおんじつじょう》の本仏《ほんぶつ》」（永遠の救いを示す真実の仏）と呼び、本尊とした。

寺院の本堂での本尊のまつり方は「一塔両尊四士《いっとうりょうそんしし》」の形式が多い。これは、「題目」が書かれた塔を中心に、釈迦牟尼仏と多宝如来《たほうにょらい》の両尊、そして釈迦から『法華経』の布教を託された上行《じょうぎょう》菩薩・無辺行《むへんぎょう》菩薩・浄行《じょうぎょう》菩薩・安立行《あんりゅうぎょう》菩薩の四士の像を安置する。

家庭の仏壇では「大曼荼羅本尊《だいまんだらほんぞん》」をまつる。大曼荼羅本尊は、仏の救いの世界を図顕《ずけん》化したもので、「一塔両尊四士」を中心にしてさらに諸仏諸尊の名を書き表し、日蓮が完成させたものだ。「南無妙法蓮華経」の文字は、ヒゲのように長く線を延ばす独特の筆法で〝ヒゲ題目〟と呼ばれる。

そして大曼荼羅本尊の前に、祖師日蓮の木造坐像を安置するのが、日蓮宗の大きな特徴だ。数々の法難を乗り越え、『法華経』の教えをひろめた日蓮の偉大な業績や遺徳を偲んで、本尊の前に祖師像が安置されるようになったのである。

## 比叡山で考えた日本仏教への二つの疑問

日蓮の出自については不明な点が多い。ゆかりの寺院に残る伝記や日蓮の残された手紙などによると、鎌倉時代前期の承久《じょうきゅう》四年（一二二二）、安房国東条郷片海《あわのくにとうじょうごうのかたうみ》（現在の千葉県鴨川市小湊《こみなと》）に漁師の子として生まれたようだ。

十二歳で親元を離れて近くの清澄寺《せいちょうじ》（当時は天台宗寺院）にのぼり、十六歳で正式に出家して「蓮長」の僧名を授かる。日々研鑽を積んだ日蓮は、清澄寺の典籍では満足できず、十八歳で当時の都である鎌倉に遊学するがそれでも足りず、仏教の最高学府である天台宗の総本山である比叡山にのぼる。

日蓮には二つの疑問があった。一つは、もともとは釈迦の教えのはずなのに、なぜ多くの仏教宗派があり、自分の宗派だけを正法《しょうぼう》（釈迦の正しい教え）であると主張するのか。もう一つは、神仏が加護したはずの朝廷がなぜ敗れ、武家の世になったのか。高僧たちの加持祈祷《かじきとう》に誤りはなかったのか――。真実を求めての比叡山遊学だった。

日蓮は、比叡山のなかでも最も山深い横川《よかわ》地区の定光院《じょうこういん》で修行したと伝わる。そこで清澄寺でも学んでいた『法華経』に着目する。天台宗の宗祖最澄《さいちょう》が平安時代初頭に開宗した原点は『法華経』であったが、時を経て密教が主流になっていた。さらに念仏による浄土教が台頭する一方、幕府の保護によって禅宗も興隆しつつあり、『法華経』の教えは忘れ去られようとしていた。

こうした状況のなかで、日蓮は『法華経』を徹底的に学ぶ一方、比叡山を拠点として奈良や京都の大寺や高野山《こうやさん》に遊学。他宗の教えを研究し、いずれと比較しても『法華経』が優位であることを確かめる。そして、『法華経』によってのみ、国家も民衆も救われることを確信するのだった。

建長五年（一二五三）春、日蓮は十二年におよぶ比叡山遊学を終えて清澄寺に戻る。四月二十八日早朝、清澄山《きよすみやま》山頂の旭《あさひ》が森《もり》に立ち、太平洋から昇る太陽に向かって合掌し、「南無妙法蓮華経」と題目を十遍となえ、『法華経』への絶対的帰依を高らかに宣言する。三十二歳だった。

しかし、日蓮は清澄寺に留まることはできなかった。天台宗の清澄寺において『法華経』を説くことに問題はないが、念仏や坐禅を批判することは許されない。とくに念仏を徹底批判した日蓮に居場所はなかった。清澄寺の有力信者のなかに熱心な念仏信者で地頭の東《とう》条　景信《じょうかげのぶ》がおり、日蓮は追い出されるように清澄寺を後にし、布教の地を鎌倉に求めるのだった。

## そもそも『法華経』とはどんな経典？

『法華経』は、紀元前後にインドで成立したといわれ、中国に伝わって漢訳された。『法華経』の漢訳経典はいくつか現存するが、翻訳僧の鳩摩羅什《くまらじゅう》（三四四～四一三）が漢訳した『妙法蓮華経』が最も知られる。中国の名僧、天台智顗《てんだいちぎ》（五三八～五九七）は「この経典こそ、釈迦の教えを統一したものであり、すべての者をさとりへ導く真理を解き明かしている」

として、中国天台宗（天台法華円宗《えんしゅう》）を開く。

『法華経』は六世紀前半、日本に伝えられる。聖徳太子《しょうとくたいし》（五七四〜六二二）が注釈書として『法華義疏《ほっけぎしょ》』を著し、「『法華経』は仏教の根幹ともいえる最重要経典である」と述べ、『法華経』の教えを中心とした政治を行った。平安時代になり、最澄が中国留学で学んだ『法華経』の教えを中心に、密教・禅・大乗戒《だいじょうかい》を融合した天台宗を日本で開宗。そして日蓮が、『法華経』の教えこそ、困難な時代に直面する人々を救う唯一の道であると見極め、日蓮宗を開くのである。

日蓮宗がよりどころとする『法華経』は、全八巻二十八品《ほん》（章）からなる膨大な経典だ。それぞれの章が独立したお経として、おつとめや法要で読まれている。お経の内容は、釈迦が教えを直接語るのではなく、人々を真理へ導く手段として、さまざまな比喩《ひゆ》を用いてドラマチックに描かれている。それが時代を超えて人々を惹《ひ》きつけている。

日蓮宗が『法華経』のなかで最も重要としているお経は、「方便品第二《ほうべんぼん》」と「如来寿量品《にょらいじゅりょうほん》第十六」だ。

方便品第二は、真実の教えは一つだが、人々の能力に応じて「方便＝教えに導くための便宜的な手段」を用いて説いていると語っている。如来寿量品第十六は『法華経』の真髄とされ、前述のとおり、釈迦が「久遠実成の本仏」であることを語っている。その偈文《げもん》（重要部分を詩文形式にしたもの）を『自我偈《じがげ》』といい、日蓮宗ではあらゆる場面で読まれている。

このほかに日蓮宗でよく読まれるのは、「提婆達多品第十二《だいばだったほん》」「如来神力品第二十一《にょらいじんりきほん》」、そして天台宗や真言宗、禅宗でもよく読まれ、『観音経《かんのんぎょう》』として親しまれている「観世音《かんぜおん》菩薩普門品第二十五《ぼさつふもんぼん》」である。

日蓮は、『法華経』には「一乗妙法《いちじょうみょうほう》」「久遠実成」「菩薩行道《ぼさつぎょうどう》」の三大思想が説かれていると読み解いた。

一乗妙法とは、すべての者をさとりに導く真実の教えはただ一つ『法華経』であること。

久遠実成とは、釈迦は過去・現在・未来にわたる本仏、すなわち常在不滅の救済者であること。

菩薩行道とは、『法華経』の布教こそ、真の菩薩（求道者）としての修行であり、道であり、他者に尽くすことで自らさとりに近づき、すべての者が救われる——とする。

日蓮は、この三大思想に基づいて全身全霊を込めて『法華経』の布教に打ち込んだ。

## 日蓮の布教の三つのキーワード

日蓮が生きた鎌倉時代中期は、大地震、飢饉《ききん》や疫病が相次ぎ、社会不安が高まっていた。日蓮は、このような社会不安が起こる原因は正しい仏法が説かれていないことにあるとして、他宗を厳しく批判した。

日蓮の布教には三つのキーワードがある。「是一非諸《ぜいつひしょ》」「四箇格言《しかかくげん》」、そして「折伏《しゃくぶく》」である。

是一非諸とは、『法華経』のみを肯定し、他の教えを一切排除すること。したがって、日蓮の他宗批判は容赦がなく、「四箇格言」として知られる次の四つの句を用いて、他宗を邪宗とした。

「念仏無間《ねんぶつむけん》」……念仏をとなえる者は、果てしない無間（無限）地獄に落ちる。

「禅天魔《ぜんてんま》」……よりどころとする経典を持たない禅宗は、自己過信が強い悪魔である。

「真言亡国《しんごんぼうこく》」……真言密教の祈祷《きとう》は、天変地異の災害に無力であり、国を亡ぼす。

「律国賊《りつこくぞく》」……貧者を救済するといいながら、慈善事業の資金を貪《むさぼ》る律宗は国賊である。

この四句の激しさに、日蓮の信念が見て取れるだろう。したがって布教方法も、他宗のように相手の立場や考えを容認し、自宗の長所を述べて布教するものではない。穏やかで寛容的な布教方法を「摂引容受《しょういんようじゅ》」――略して「摂受《しょうじゅ》」という。これに対し日蓮は、人々を正しい信仰に導くために他宗の欠点や誤りを徹底的に論破する「破折調伏《はしゃくちょうぶく》」――略して「折伏」という布教方法をとったのである。

末法《まっぽう》の世の人々を救うために『法華経』の教えをひろめることを、日蓮宗では「広宣流布《こうせんるふ》」という。『法華経』の「薬王菩薩本事品第二十三」や「普賢菩薩勧発品《ふげんぼさつかんぼっぽん》第二十八」にそれを示す文言《もんごん》があり、日蓮は自著においてもたびたび「広宣流布」という言葉を用いている。日蓮は釈迦の教えが衰退した末法の世において『法華経』をひろめるには、烈々たる折伏の布教方法しかないと考えたのだった。

## 日蓮が予言を的中させた〝最大の国難〟とは

建長五年（一二五三）春、『法華経』への絶対的帰依を宣言した若き日蓮は、念仏や禅を批判したことから清澄寺を追われるように去ったことは、すでに述べた。布教の地を求めて鎌倉に入った日蓮は松葉ケ谷《まつばがやつ》に草庵《そうあん》を結び、布教の拠点とする。毎日、小町大路《こまちおおじ》に立って辻説法《つじせっぽう》を行い、『法華経』の教えを熱心に説き続けるが、「四箇格言」「折伏」という布教方法は人々から受け入れられず、他宗からも非難を浴びた。

だが、それでも日蓮の声に耳を傾ける人が少しずつ出てくる。当時の鎌倉は天災地変が続いており、人々の不安が増していたことも影響していたのだろう。正嘉《しょうか》元年（一二五七）には大地震が襲い、鎌倉中の建物は崩壊。地割れによって水が噴き出し、数万人もの死傷者が出たと伝えられる。もはや念仏や禅では救われない――そんな思いを人々はいだくようになったのかもしれない。

日蓮は天災地変が続く根本原因を探るべく、駿河国《するがのくに》岩本（現在の静岡県富士市）の實相寺《じっそうじ》の経蔵に籠《こ》もると、『一切経《いっさいきょう》』（大蔵経）を繙《ひもと》いた。これを二年余り探究した日蓮は、天災地変の原因は、末法の時代に間違った仏法が伝播《でんぱ》したことによると結論づける。そして文応《ぶんおう》元年（一二六〇）、国家と人々の救済を説く『立正安国論《りっしょうあんこくろん》』をまとめる。このなかにおいて、「国家を挙げて『法華経』に帰依しなければ、仏法を護《まも》る諸天善神《しょてんぜんしん》はこの国を捨て去り、さらに大きな災難に見舞われ、国家は滅びる」と記し、当時の事実上の最高権力者である前執権、北条時頼《ときより》に奏上したのだった。

日蓮は『立正安国論』において、正法（釈迦の正しい教え）を失ったときに起こる災難として『薬師経《やくしきょう》』を例に引いて解説した。『薬師経』には、以下の七難が起こると説いてある。

一、人衆疾疫難《にんじゅしつえきなん》……悪疫の流行
二、他国侵逼難《たこくしんぴつなん》……外国による侵略

三、自界叛逆難《じかいほんぎゃくなん》…国内での反乱
四、星宿変怪難《せいしゅくへんげなん》…天体の異変
五、日月薄蝕難《にちがつはくしょくなん》…日蝕《にっしょく》や月蝕《げっしょく》が頻繁に起こる
六、非時風雨難《ひじふううなん》……季節はずれの暴風雨
七、過時不雨難《かじふうなん》……干ばつに見舞われる

日蓮は、七難のうち二つ以外はすでに起こっているので、近い将来、その二つ「他国侵逼難」と「自界叛逆難」が襲い来るだろうと予言したが、幕府はこの諫言《かんげん》に耳を貸そうとはしなかった。のちに日蓮の予言が的中するのは歴史的事実で、文永《ぶんえい》九年（一二七二）に北条時輔《ほうじょうときすけ》の乱が起こり、文永十一年（一二七四）と弘安《こうあん》四年（一二八一）の二度にわたり、蒙古襲来に見舞われるのだった。

## 「厄除け祖師」として崇敬されるのはなぜ

日蓮が「厄除《やくよ》け祖師」として人気を得たのは、生涯において幾多の迫害を受けたにもかかわらず、それらを耐え忍び、『法華経』をひろめて後世の人々を救済しているからだ。

とくに大きな受難は四度あった。「松葉ヶ谷法難」「伊豆法難」「小松原《こまつばら》法難」「龍ノ口《たつのくち》法難」

で、これを「四大法難」と呼ぶ。

では、日蓮は四大法難をどう耐え忍んだのか。

「松葉ヶ谷法難」は文応元年（一二六〇）、日蓮が『立正安国論』を幕府に奏上した直後に起こる。奏上を知った念仏信者や日蓮の布教をこころよく思わない武士たちが、松葉ヶ谷の日蓮の草庵を焼き討ちにした。命からがら逃げ延びた日蓮は、下総国八幡荘《しもうさのくにやわたのしょう》（現在の千葉県市川市）にある有力信者の富木常忍《ときじょうにん》の館にしばらく身を寄せる。現在の中山法華経寺は、そのゆかりの寺院である。常忍は日蓮入滅後に出家し、「日常《にちじょう》」と号した。

「伊豆法難」はその翌年、文応二年（一二六一）に起こった。草庵の焼き討ちなどの騒ぎが落ち着いた頃、日蓮は鎌倉に戻り、これまでに増して声高に辻説法を再開したところ、すぐに幕府に捕らえられてしまう。幕府が誤った仏法を信仰しているという批判は「悪口《あっく》の咎《とが》」にあたるとされ、捕らえられた日蓮は伊豆流罪となる。前年の松葉ヶ谷法難は念仏信者による私的な迫害であったが、今度は国家権力による弾圧だった。

伊豆配流から二年後、日蓮は赦《ゆる》されて鎌倉に戻るのだが、翌年の文永元年（一二六四）の秋、三度目の法難となる「小松原法難」に見舞われる。この年、日蓮は父の墓参りと病身の母を見舞うため、十二年ぶりに帰省した。母は危篤状態にあったが、日蓮が延命と病気平癒を祈り、一心に『法華経』をとなえたところ、奇跡的に回復する。事件はそのあとに起こった。

地元の領主工藤吉隆《くどうよしたか》の館に招かれて説法に行く途中、小松原（千葉県鴨川市広場）で東条景信らに襲撃される。東条景信については127ページで触れたように、熱心な念仏信者で、日蓮が清澄寺を追われ、布教の地を鎌倉に求めたときの因縁ある相手だった。この法難では、弟子の鏡忍房《きょうにんぼう》と、急ぎ駆けつけた工藤吉隆が命を落とし、日蓮も額《ひたい》を斬《き》られ、左手を骨折する重傷を負う。現在、小松原の地には鏡忍寺《きょうにんじ》が建つ。

四度目の法難は、文永八年（一二七一）に起こる「龍ノ口法難」で、日蓮が九死に一生を得た奇跡として語られる。法難の伏線は、それに先立つ三年前の正月、蒙古国（元《げん》）が幕府に宛てた国書だ。通商を求めたものだが、これを拒否すれば攻撃も辞さないという内容で、日本侵略を意図したものだった。『立正安国論』において予言した一つ、「他国侵逼難＝外国による侵略」が的中したのである。日蓮は再び『立正安国論』を奏上し、他宗との公開討論を要請するが、幕府はまたしてもこの諫言《かんげん》を無視したどころか、三年後に至って「悪口の咎」の再犯として日蓮とその弟子たちを捕らえ、佐渡流罪を申し渡したのだった。

ところが護送の途中、役人たちは龍ノ口刑場（神奈川県藤沢市片瀬）で斬首《ざんしゅ》しようとする。

斬首の座についた日蓮が、「南無妙法蓮華経」と、この世での最後として題目をとなえた、まさにそのときである、突如、対岸の江ノ島《えのしま》の方角から不思議な光の玉が飛来し、これに役人たちは恐れをなして逃げ出す。処刑は中止され、九死に一生を得た日蓮は、佐渡へと送られていく。現在、龍ノ口刑場跡には龍口寺《りゅうこうじ》が建つ。

「厄除け祖師」としての日蓮信仰は、とくに江戸でひろまった。厄除けに霊験あらたかであるとして多くの寺院では日蓮の木像がまつられるが、その始まりは堀之内妙法寺《ほりのうちみょうほうじ》（東京都杉並区）の厄除け祖師像で、「堀之内のおそっさま」と親しみを込めて呼ばれる。この像は、伊豆法難のとき、弟子の日朗《にちろう》が鎌倉由比ヶ浜《ゆいがはま》に流れ着いた不思議な光を放つ霊木を刻んだものである。そして日蓮が赦免後、厄年の四十二歳のときに開眼《かいげん》（魂入れ）し、「やくよけ日蓮大菩薩」と呼ばれる。

## 身延山が日蓮宗の総本山となった経緯

約二年半の佐渡流罪を終え、文永《ぶんえい》十一年（一二七四）春に鎌倉に戻った日蓮は、幕府に呼び出され、蒙古襲来の時期を尋ねられる。「今年中にある」と明言するが、このときも幕府は結局、聞き入れなかった。

『立正安国論』をまとめたときから、日蓮が幕府を諫《いさ》めたのはこれで三度めだった。それでも自分の言説が聞き入れられないのであれば、もはや鎌倉で活動する意味はないと判断し、隠棲《いんせい》を決める。有力信者で甲斐国波木井郷《かいのくにはきいのごう》（現在の山梨県南巨摩《こま》郡身延《みのぶ》町）の地頭である波木井実長《さねなが》の招きを受け入れ、実長が用意した身延山西谷の庵《いおり》に弟子たちとともに移り住む。その年の秋、日蓮の予言どおり「文永《ぶんえい》の役《えき》」（蒙古襲来）が起こるのだ。

すでに五十歳を超えていた日蓮は、身延山で著述と弟子の育成につとめた。また、多くの弟子や信者が教えを請いに訪ね、身延山は日蓮教団の拠点となっていくのである。身延山には各地の信者から供物が送られてきたが、日蓮はまめに御礼の手紙を書き、それらは各地に数多く現存している。

身延山に寺院らしく伽藍《がらん》が整うのは弘安四年（一二八一）で、日蓮は六十歳になっていた。蒙古襲来の予言を的中させたほか、病気平癒や祈雨《きう》の成功など数々の霊験を示してきた日蓮の名声によって、『法華経』に帰依する民衆が各地に増えていたが、四年ほど前から日蓮は下痢に悩まされ、床に就くことが多くなっていた。たび重なる法難に耐えた日蓮の頑強な身体にも、支障が見えるようになっていたのである。

伽藍が整った翌年秋、日蓮の体調では身延山の厳しい冬を乗りきるのは難しいだろうと思われた。心配した波木井実長は、自身の所領である常陸国《ひたちのくに》（茨城県北東部）の温泉地への湯治療養をすすめ、日蓮は身延山入山以来初めて山をおり、常陸国へ向かった。しかしその途中、武蔵国千束郷《むさしのくにせんぞくごう》（現在の東京都大田区）の池上宗仲《いけがみむねなか》の館に到着するも、病状が悪化し、それ以上先へは進むことはできなくなっていた。

死を目前に控えた日蓮は、弟子たちを前に『立正安国論』の最後の講義を行った。そして、自身亡き後の日蓮教団を支える「六老僧」を定める遺言を残し、弘安《こうあん》五年（一二八二）十月十三日午前八時頃、『法華経』をとなえながら入滅《にゅうめつ》する。日蓮臨終の地には現在、日蓮宗四大本山の一つ、池上本門寺《いけがみほんもんじ》が建つ。

## 本阿弥光悦ら京都の文化人に法華信者が多かった理由

江戸時代初期の書家・陶芸家・芸術家である本阿弥光悦《ほんあみこうえつ》（一五五八～一六三七）は、その多才ぶりから「日本のダ・ヴィンチ」として知られるが、篤《あつ》い法華信者で、法華信仰を軸にした作品を多数残している。

本阿弥家と日蓮教団との関係は室町時代後期、寛正《かんしょう》三年（一四六二）に始まる。本阿弥家は室町幕府に仕え、刀剣の鑑定《めきき》・研磨《とぎ》・浄拭《ぬぐい》の三業を家職とする名門であったが、五代目の本阿弥清信《きよのぶ》は謀反《むほん》の濡《ぬ》れ衣《ぎぬ》を着せられて投獄。獄中で出会ったのが、法華宗の怪傑僧として知られる〝鍋《なべ》かむり日親《にっしん》〟である。

日親（一四〇七〜一四八八）は、上総国《かずさのくに》（千葉県中部）に生まれ、中山法華経寺で修行。のちに京都にのぼり、本法寺《ほんぽうじ》（京都市上京区）を開く。信仰に一切の妥協を認めない日親は、当時の将軍足利義教《あしかがよしのり》に命がけで『法華経』への帰依を諫言し、幕府に捕らえられ、投獄されていた。獄中で日親と出会った清信は、『法華経』の教えを受けて感銘。法華信者となり、釈放後すぐに剃髪《ていはつ》して日親から「本光《ほんこう》」の法号（戒名）を授かる。本阿弥家という有力信者を得た本法寺と、京都の法華宗寺院は隆盛する。

法華信者には財力を蓄えた町衆が多く、「応仁《おうにん》の乱」以降、彼らが武装して町の自治を守っていた。戦国時代になると各地で一向宗《いっこうしゅう》（浄土真宗）による一向一揆が起こり、町衆はそれに対抗して京都の町を守るべく法華一揆を起こすのだが、その代表格が本阿弥家だったといわれる。

さて、法華宗が隆盛した京都では、町衆から「法華芸術」が生まれた。刀剣装具の彫金を生業《なりわい》とする後藤家、足利家の御用絵師の狩野《かのう》家、そして本阿弥家などが知られる。光悦が洛北鷹峯《らくほくたかがみね》（京都市北区）に建立した光悦寺《こうえつじ》は、彼が一族や芸術仲間と移住してつくった当時の芸術村である。光悦に始まる「琳派《りんぱ》」の尾形光琳《おがたこうりん》（一六五八〜一七一六）・乾山《けんざん》（一六六三〜一七四三）兄弟も法華信者として知られる。

## 戦場で「南無妙法蓮華経」を旗印に戦った戦国武将

戦国武将の加藤清正《かとうきよまさ》（一五六二〜一六一一）は、肥後《ひご》熊本藩初代藩主。治世の名君としての徳行がたたえられ、江戸時代には清正の像をまつって諸願成就を願う「清正公信仰《せいしょうこうしんこう》」が西日本一円にひろまった。人々は清正公を「せいしょこさん」と親しみを込めて呼び、礼拝したのである。その後、明治政府の神仏分離政策にともない、加藤神社が建てられて軍神としても崇められた。

尾張国《おわりのくに》中村（現在の愛知県名古屋市中村区）に生まれた清正は、法華信仰に篤い母の影響で幼い頃から『法華経』に親しんだ。豊臣秀吉と縁戚関係だったことから十三歳で秀吉に仕える。武芸にも秀で数々の武功をあげている。秀吉の九州征伐によって肥後半国を与えられ、関ヶ原の戦いでは東軍について、黒田官兵衛《くろだかんべえ》とともに九州で活躍、肥後一国を与えられ、熊本藩主となった。

清正は戦場で、白地に朱色で「南無妙法蓮華経」と題目を書いた旗を翻した。そして常に題目をとなえながら戦ったという。清正は、武功は『法華経』の功徳の表れととらえ、勝利するたびに信仰心は深まっていったとされる。そして九州を中心に、「妙法蓮華経」から一文字ずつとって「本妙寺《ほんみょうじ》」（熊本市）、「法心寺《ほうしんじ》」（大分市）、「本蓮寺《ほんれんじ》」（長崎市）、「法華寺《ほっけじ》」（熊本県水俣市《みなまた》。現在、廃寺）」、「本経寺《ほんきょうじ》」（長崎県大村市）の五寺を建立した。

本妙寺は当初、大坂に建てられたが熊本城内に移され、慶長《けいちょう》十九年（一六一四）に火災で焼失したため、清正の廟所《びょうしょ》「浄池廟《じょうちびょう》」の麓（現在地、熊本市花園）に移転した。

また、清正は熊本藩主としても庶民のために尽力。〝土木の神さま〟と呼ばれ、当時行った治水・利水事業は現在も県民の生活に恩恵を与えている。

＊

日蓮宗では、日蓮が記した著作や手紙を総称して「遺文《いぶん》」「御妙判《ごみょうはん》」などと呼び、大切に保管し、今日に伝えている。他宗を激しく批判する布教を行う一方で、信者に対しては慈悲にあふれた人情家だったことが、彼らに宛てた手紙から読み取れる。

そんな日蓮が命を懸けて主張した『法華経』に感銘した著名人は数多い。なかでも詩人・童話作家の宮沢賢治《みやざわけんじ》（一八九六～一九三三）は、熱心な『法華経』の信者だった。彼の信仰は作品と結びつき、「法華文学」と呼ばれている。

## ▼日蓮宗のしきたり

・**住職の呼び方**――「ご住職」「お上人《しょうにん》さん」など
・**葬儀の意味**――故人との別れを惜しみ、冥福（死後の幸せ）を祈る儀式
・**葬儀の特徴**――僧侶とともに参列者一同が題目を何遍もとなえる「唱題《しょうだい》」がある
・**焼香**――導師は三回、一般参列者は一回。抹香は軽くつまみ、静かに香炉に入れる
・**香典の表書き**――通夜・葬儀では「御霊前《ごれいぜん》」、法事では「御仏前《ごぶつぜん》」、通夜・葬儀・法要共通で「御香典」など
・**卒塔婆**――立てる
・**お墓**――（墓石の正面は）「南無妙法蓮華経」「○○家（先祖代々）之墓」など

# 第六章　天台宗が「仏教の総合大学」といわれる理由は？

## 「千日回峰行」が九百七十五日で満行となる理由

約千日間にわたり、比叡山の山中を礼拝してめぐる「千日回峰行《かいほうぎょう》」の創始者は、天台宗三世座主《ざす》の慈覚大師円仁《じかくだいしえんにん》（七九四〜八六四）の弟子、相応《そうおう》（八三一〜九一八）である。

相応は入門して三年目の十七歳のとき、『法華経』の「常不軽菩薩品第二十《じょうふきょうぼさつぽん》」にある物語に感銘を受け、常不軽菩薩の礼拝行《らいはいぎょう》を始めた。その物語とは以下のような内容だ。

〈遠い昔、出会った人々すべてに「あなたを敬います。あなたは仏さまです」と礼拝する修行僧がいた。それを気味悪がられ、修行僧は悪口を言われたり、石を投げられたりした。それでも礼拝を続けた。やがて死期が迫った修行僧は、どんな人に対しても常に尊敬の念で接した功徳として、果てしない寿命を得て常不軽菩薩となった。そして『法華経』をひろめた。この常不軽菩薩こそ、私の前世の姿であると、釈迦は語った〉

相応は常不軽菩薩を見習って、巡礼の旅に出る代わりに比叡山の根本中堂《こんぽんちゅうどう》の本尊である薬師如来に毎日欠かさずに供花《くげ》を捧げ、礼拝を続けた。そして六～七年後、相応は礼拝行を毎日見ていた円仁に認められ、二十四歳で受戒する。

そして、三十五歳のある日のこと。相応は薬師如来から霊告（お告げ）を受ける。

「この峰を巡拝し、比叡山東麓の日吉大社に詣《もう》で、毎日遊行《ゆぎょう》し、苦行《くぎょう》すべし。これすなわち常不軽菩薩の行《ぎょう》なり」

相応は霊告に従い、来る日も来る日も比叡山の山中を歩き続け、山川草木《さんせんそうもく》のすべてに仏の姿を見出して巡拝した。これが千日回峰行の起源とされる。

千日回峰行は、千日間毎日（約三年間）歩き続けるのではない。一年間に百日か二百日を歩き、七年かけて満行《まんぎょう》となる。ただし、修行期間中は体調や天候にかかわらず、一日も休んではならない。歩く距離は、一日約三十キロを約八百日と、六十キロを百日、約八十キロを百日で、満行すれば地球を約一周した距離になる。

歩くだけではなく、五年目の七百日を過ぎたら「堂入り」をする。これは相応が建立した無動寺谷《むどうじだに》明王堂《みょうおうどう》に籠《こ》もって九日間の断食・断水・不眠・不臥《ふが》で、本尊の不動明王《ふどうみょうおう》の真言をとなえ続ける修行だ。この堂入りを無事終えると生き仏（生身《しょうじん》の不動明王）として

「当行満阿闍梨《とうぎょうまんあじゃり》」と呼ばれる。六年目は京都御所の鬼門の方角にある赤山禅院《せきざんぜんいん》（京都市左京区）を往復する毎日約六十キロの「赤山苦行」を百日間、七年目は「京都大廻《おおまわ》りの行」となり、京都の街におりてお寺や神社を礼拝しながら毎日約八十キロを百日間歩き続けたのち、最初の約三十キロに戻る。こうして回峰行は計九百七十五日、千日まで二十五日を残して満行となる。二十五日残すのは、一生修行が続くことを意味する。

この千日回峰行を満行すると「大行満大阿闍梨《だいぎょうまんだいあじゃり》」となる。そして京都御所への土《ど》足参内《そくさんだい》が許され、玉体護持《ぎょくたいごじ》・国家安泰の加持祈祷を行って、千日回峰行を完了する。

大行満大阿闍梨は、織田信長の比叡山焼き討ち（一五七一年）以降、約五十名がいる。

## 延暦寺にはなぜ「僧兵」がいたのか

『平家物語』には、白河法皇《しらかわほうおう》が自分の意に従わないものとして、「賀茂川《かもがわ》の水、双六《すごろく》の賽《さい》、山法師《やまほうし》」の三つを挙げたとある。

この山法師こそ、比叡山延暦寺の「僧兵」である。

僧兵が誕生したのは十世紀末、平安時代末期といわれる。その頃の大寺院は世俗権力と結びつき、荘園《しょうえん》などの寄進が増えたため、寺領や財産を自衛する武装勢力が必要となった。

こうして僧兵が生まれる。

当時の大寺院は、学問を専門とする「学僧」と、寺務作業を担う「堂衆《どうしゅ》」と呼ばれる僧に二分化が進んでいたことから、僧兵は堂衆で組織されるようになった。また、僧兵のなかには寺院から雇われた半僧半俗のような者も多くいたらしく、寺領内の風紀が乱れた大寺院もあった。

ちなみに、延暦寺から分派した園城寺《おんじょうじ》（三井寺《みいでら》。滋賀県大津市）の僧兵は「寺法師」、奈良の興福寺や東大寺の僧兵は「奈良法師」と呼ばれた。僧兵は寺領の自衛にとどまらず、集団で都におりていくと、神仏の権威をかざし、朝廷や幕府に無理な要求を突きつける「強訴《ごうそ》」を繰り返した。

僧兵はまた、寺院間の対立において出番も多く、鎌倉時代以降は、念仏や禅、題目を掲げる諸宗を迫害するなど猛威を振るった。存在感を増した僧兵は、室町時代に入ると武家勢力とも衝突するようになり、さらに戦国時代になると大寺院は寺領を守るために武装化を進め、戦国大名と拮抗《きっこう》した。なかでも比叡山の武装勢力は群を抜いていた。こうした背景のなかで、織田信長による比叡山焼き討ちは起こる。

永禄《えいろく》十一年（一五六八）、信長は十五代将軍・足利義昭《あしかがよしあき》を擁して入京すると寺院勢力に圧力をかけ、比叡山が所有する美濃や近畿一帯の寺領を没収する。これに危機感をいだいた比叡山は、浅井《あざい》・朝倉軍と手を結び、信長と対峙《たいじ》。そして元亀《げんき》二年（一五七一）、信長は比叡山に逃れた浅井・朝倉軍を討つため比叡山焼き討ちを予告するのだ。

「もし私の味方になるなら寺領を返還する。それが難しければ、せめて中立を保て。どちらも聞き入れなければ、全山を焼き討ちにする」

比叡山側はこれを信長の脅しと考えて拒絶したため、焼き討ちは決行された。四千五百もの堂舎が焼失、犠牲者は三千人といわれる。

この焼き討ちで比叡山横川《よかわ》地区の攻撃を担当していた豊臣秀吉は、仏像を抱えて逃れてきた僧たちをひそかに見逃した。そのおかげで、比叡山の寺宝の数々が現在に残ることになる。

## 「不滅の法灯」が信長の焼き討ちでも消えなかった秘密

天台宗の総本山、比叡山延暦寺は山中に点在する約百五十の堂舎の総称である。比叡山全域を境内とし、根本中堂が総本堂とされる。

根本中堂の「不滅の法灯」は、延暦寺の歴史を物語るものの一つとしてよく知られている。

この灯明《とうみょう》は延暦七年（七八八）、宗祖最澄《さいちょう》（七六七〜八二二）が一乗止観院《いちじょうしかんいん》（現在の根本中堂）を建立し、自刻の薬師如来像《やくしにょらいぞう》をまつったときに灯《とも》されたもので、「明《あき》らけく　後の仏の　御代《みよ》までも　光つたえよ　法《のり》のともしび」（釈迦の正しい教えがこの灯火のように闇《やみ》を照らし、永遠に人々を導くものとなるように）という歌に最澄は願いを込めた。最澄の弟子たちは、現在に至るまで千二百年にわたって灯し続け、「不滅の法灯」と呼ばれるようになった。

しかし、「不滅の法灯」には消滅の危機があった。それは前述の織田信長による比叡山焼き討ちである。根本中堂も焼失し、このとき法灯も消えてしまったのである。「不滅の法灯」が甦《よみがえ》るのは信長没後の天正《てんしょう》十二年（一五八四）、後継となった豊臣秀吉の時代。比叡山は秀吉に再興が許され、少しずつ堂塔が整備されていくのだが、このとき新たに造営された根本中堂に法灯が灯る。じつは、法灯の火種は焼き討ち以前に立石寺《りっしゃくじ》（山寺《やまでら》。山形市）に分灯されていたのだ。立石寺の法灯を再分灯して現在に至る。

法灯には毎日朝夕、菜種《なたね》油が注がれている。比叡山の僧侶たちが決して油を断ってはいけないといつも緊張していたことから、「油断」の語源になったともいわれる。

## 天台宗は密教ではない？

天台宗というと、護摩焚《ごまだ》きをするから密教ととらえている方も多いだろう。しかし、密教を最高の教えとする真言宗、坐禅を重んじる禅宗、「南無阿弥陀仏」の念仏や「南無妙法蓮華経」の題目を掲げる浄土系・日蓮系の仏教宗派に比べて、教えがわかりにくい。

それは、天台宗を仏教の一宗派ととらえるから、絡み合った糸のように話が混乱するのだ。「仏教の総合大学」である天台宗は〝仏教そのもの〟ととらえるべきだろう。

最澄は、中国天台宗の宗祖天台智顗《ちぎ》（五三八〜五九七）の著書にあった『『法華経』は誰もがみな、仏になれる究極の教えである」という主張に共感し、中国（唐《とう》）に渡り、智顗が開いた天台山（現在の浙江省《せっこうしょう》東部）で法華円教《ほっけえんぎょう》を修めた。円教とは、完全円満な教えを意味する。つまり、「『法華経』こそ、完全無欠の教えである」とするのが中国天台宗の主張である。

中国天台宗の法華円教の教えをそのまま日本に移入したなら「日本版中国天台宗」でよかった。ところが最澄は、法華円教に加え、中国でさらに密教・禅・戒律（仏弟子として守るべき規則）の教えも学んで帰国。それらを融合して、日本独自の〝総合仏教〟である天台宗を興す。天台宗がその後も浄土教や修験道《しゅげんどう》などさまざまな教えを包括できた理由はここにある。

また、総合仏教の奥深さを物語っているのが、天台宗のおつとめの基本「朝題目《だいもく》に夕念仏」である。朝のおつとめは『法華経』をとなえ、夕のおつとめは阿弥陀仏《あみだぶつ》（阿弥陀如来）の極楽浄土への往生を願って念仏をとなえる。「朝題目に夕念仏」という言葉は、「定まった意見や信念がない」というネガティブなイメージの慣用句として使われたりするが、『法華経』の教えも念仏の教えも相反するものではないというのが天台宗の考え方である。

天台宗を「密教」ととらえる視点は、最澄が天台宗を開いた平安時代初期、貴族社会から密教の加持祈祷が求められるようになったことが要因である。

最澄は、あくまでも『法華経』の精神を根底に置いた総合仏教を主張したが、時代の要請は密教の加持祈祷による鎮護国家や病気平癒だった。そのため最澄没後の天台宗は、密教充実のために何人もの高僧が中国へ渡り、当時の最新の密教を修めたことから「天台宗といえば密教」といわれるまでに密教が充実していくのである。

## 最澄はなぜエリートの道を捨て山林修行を選んだのか

最澄は奈良時代後期の神護景雲《じんごけいうん》元年（七六七。七六六年説もある）に、近江国《おうみのくに》滋賀郡古《ふる》市郷《ちごう》（現在の滋賀県大津市坂本）で生まれた。琵琶湖《びわこ》のほとりの生誕地には最澄が開いた生源寺《しょうげんじ》が建ち、境内には産湯《うぶゆ》に使われたと伝わる井戸が残っている。そして現在、比叡山延暦寺へ登る坂本ケーブルの発着地となっている。

幼少の頃から聡明で利発だった最澄は十二歳で出家。国ごとに建てられた官寺の一つ、近江国分寺の行表《ぎょうひょう》（七二二〜七九七）のもとで修行が始まる。そこでも非凡さを発揮し、行表はのちの近江国分寺を託すべく、自身の持っている仏教のすべてを最澄に授けた。二十歳のとき、総国分寺である東大寺（奈良市）の戒壇院《かいだんいん》で受戒。官僧（国家公認の僧侶）となる。当時、受戒を許される者は一年に十人程度といわれ、最澄は国家仏教の超エリートとして将来が確実に約束されたのである。

ところが受戒からわずか三カ月後、最澄は故郷に戻り、比叡山に草庵《そうあん》を結んで山林修行を始める。古来、比叡山は信仰の山とされ、山林修行に明け暮れる私度僧《しどそう》（朝廷の許可なく出家した僧）も入山していたといわれる。

最澄が栄達を捨てて比叡山に入った理由は二つある。

一つは、奈良の官寺の僧侶たちの堕落だ。官僧になりさえすれば栄達が約束されることから、戒壇院での受戒が目的化され、人々を救済するという本来の目的が忘れ去られていた。また、皇室に取り入った道鏡《どうきょう》のように世俗の権力と結びつく僧もいた。青雲の志に燃える若い最澄は、こうした仏教界の腐敗と堕落に失望したのである。

もう一つは、官僧として自分が入寺するはずの近江国分寺が火災で焼失したことだ。行き場を失い、無常観もあったとされる。

比叡山に入山して間もなく、自らの誓いとして五項目から成る『願文《がんもん》』を著す。

一、真の仏道を修行した仏教者にならないうちは、世間に出て人を導くことはしない。

二、仏法の真理を明らかにできないうちは、世俗の技術や芸術に手を出さない。

三、戒律を完全に守れないうちは、信者の布施には与《あずか》らない。

四、一切の執着から脱した境地を得ないうちは、世俗とのつきあいには関わらない。

五、修行によって得た功徳《くどく》は、自分一人のものとせず、すべての人々に施す。

最澄は比叡山での修行を「菩薩《ぼさつ》」となるためのものと位置づけた。菩薩とは自身がさとりを得たのちも、この世で人々を救い導く仏道修行者をいう。つまり「忘己利他《もうこりた》＝自身の利害を忘れて人のために尽くすこと」の志を願文に記したのである。

最澄は比叡山の山中でひたすら経典を読み、坐禅《ざぜん》（止観《しかん》）に明け暮れた。一途《いちず》に仏道を志す姿を見た山林修行者たちが次第にまわりに集まるようになった。やがて山里でもその噂がひろまり、最澄を慕って修行僧が比叡山に入山してくる。最澄を中心とした修行僧の集団は、こうして形成されていくのだった。

また、最澄はこの修行中に生涯の信仰の基礎となるものを発見する。それは、『法華経』に基づいて立宗された中国天台宗の教学である。これこそが一切衆生《いっさいしゅじょう》（生きとし生けるもの）を救済できる教えであることを確信した。

そして延暦七年（七八八）、二十二歳のときに「一乗止観院」を建立。それが現在の比叡山延暦寺の総本堂たる根本中堂となる。

## 平安遷都で朝廷が最澄に着目したわけ

最澄が比叡山での修行に明け暮れている頃、都は平城京から長岡京へ、さらに延暦十三年（七九四）には平安京に遷《うつ》った。桓武《かんむ》天皇が遷都した理由は、朝廷に取り入ってくる奈良仏教（南都六宗）との訣別と、皇位継承争いによる死者の怨霊《おんりょう》から逃れるためだった。この平安遷都が、最澄と桓武天皇を結びつける機縁になる。

陰陽道《おんみょうどう》では北東方位を「鬼門《きもん》」（鬼の出入り口）とする。そのため、平安遷都を推し進めてきた天皇側近の和気清麻呂《わけのきよまろ》は、祈祷によって〝鬼門封じ〟をする必要があった。比叡山は平安京のまさに鬼門に聳《そび》え立つ。祈祷僧を探していた和気清麻呂は、官僧の資格を持つ最澄が比叡山に一堂を築いて修行に励んでいることを知り、白羽の矢を立てたのだ。

要請に応じた最澄は、一乗止観院において七日間、新都の鬼門封じと繁栄を願う供養会《くようえ》を行う。奈良仏教に代わる新しい鎮護国家の仏教を求めていた桓武天皇は、最澄が目指す天台教学に感じ入り、延暦十六年（七九七）、最澄を「内供奉十禅師《ないぐぶじゅうぜんじ》」の一人に任命する。内供奉とは、天皇や国家の安泰を祈ったり、仏法を講じたりする名誉ある役職である。最澄は桓武天皇の後ろ盾を得て日本仏教界の中央舞台に押し出されていく。

入山以来十二年目にして比叡山をおりると、宮中との往復を始める。最澄は天台教学を講じるほどに名声が高まり、延暦二十一年（八〇二）には天皇から国家公認として天台宗開宗のはたらきかけがなされた。

しかし最澄は、日本に伝わっている天台教学の経典は写経の誤字脱字によって不明な点が多いことに不安があった。また、中国天台宗の師から嗣法《しほう》を受けなければ正統なものとはいえないとして、中国留学を熱望。すぐに認められ、翌延暦二十二年（八〇三）の遣唐使船に同乗するのだ。

## 個別の教えにとらわれない「一乗仏教」とは

最澄の目指した仏教のすべては「一乗《いちじょう》思想」の一語で語ることができる。

一乗思想とは、仏の教えを誰もがみな成仏できる一つの乗り物にたとえ、理解できない人にも、やさしく説いてあげれば必ず成仏の道が開かれている、と考える仏教思想である。最澄は、天台智顗が説いた『法華経』に基づく一乗思想をさらに深めて、「『法華経』の一乗思想の精神を根本にすれば、法華円教・密教・禅・戒律など個別の教えにとらわれることなく、すべてを融合した総合仏教ができる」と結論づけた。

最澄の非凡なところは、法華円教・密教・禅・戒律の四つの教えをすべて修め、四宗《ししゅう》融合《ゆうごう》（四宗相承《そうしょう》ともいう）の旗を揚げたことだ。最澄は四宗を次のようにとらえた。

「法華円教」……『法華経』こそ、完全円満な教えだとする中国天台宗本来の教え。仏の教えは一つであり、小乗も大乗も区別なく誰もがみな成仏できるとする。

「密教」……当時、新しい仏教だった密教を、最澄は「円密一致＝法華円教も密教も同じ一乗仏教の一つである」とした。これに対して、同じ時代を生きた空海は「顕劣密勝《けんれつみっしょう》＝密教こそが仏の真理であり、顕教《けんぎょう》（密教以外の仏教）は密教に劣る」という立場だった。

「禅」……禅は、釈迦のさとりの境地を追体験してさとりを得る教えである。天台宗では坐禅のことを「止観」と呼ぶ。最澄は、『法華経』の教えを実践する方法として止観を重視した。

「戒律」……仏弟子として守るべき規則のこと。最澄は、厳しい戒律はいらないと主張。僧侶も在家信者も等しく自らの戒めとすべきものとして、大乗戒を実践すべきであるという立場をとった。

## 最澄は空海の弟子になっていた……？

最澄は中国で法華円教・密教・禅・戒律を修めて帰国し、四宗融合による総合仏教としての天台宗をつくったことは、すでに紹介した。ところが、最澄の最大の支援者である桓武天皇が最も喜んだのは、四宗のうちの密教だった。桓武天皇は病床にあったため、密教の加持祈祷に期待を寄せていたからといわれる。

中国から帰国した翌年の延暦二十五年（八〇六）、天台宗は国家公認となり、毎年二人の年分度者《ねんぶんどしゃ》（官僧として得度《とくど》受戒できる僧）が認められるのだが、二人のうち一人は天台教学（止観業《しかんごう》と呼ばれる）を学ぶ僧、もう一人は密教（遮那業《しゃなごう》と呼ばれる）を学ぶ僧と決められた。これは、桓武天皇の密教に寄せる期待の表れでもあったのだろう。だが最澄は、中国で密教の灌頂《かんじょう》（弟子が師僧から教えを授かる継承儀礼）は授かっているものの、わずか一カ月余りの修行を積んだにすぎなかった。

皮肉にも天台宗が国家公認とされたことで、最澄は日本仏教界の第一人者のみならず、密教の第一人者として期待されることに不安を覚えるのだった。桓武天皇は天台宗の国家公認直後、最澄の病気平癒の祈祷のかいなく崩御《ほうぎょ》するが、都では密教がもてはやされていく。

まさにそのさなか、空海が正統密教のすべてを嗣《つ》いで中国から帰国する。最澄は空海が中国から持ち帰った密教典籍や、法具の品々を記録した『御請来目録《ごしょうらいもくろく》』を確かめ、自身の密教の不完全さを強く認識することになる。

大同《だいどう》四年（八〇九）、空海は高雄山寺《たかおさんじ》（現在の神護寺《じんごじ》。京都市右京区）に入って真言密教の拠点とするが、これには最澄の働きかけがあったともされる。『御請来目録』を確かめた最澄は、空海がいかに日本の仏教界にとって重要な人物であるかを朝廷に進言したというわけだ。

そして最澄は、空海に密教経典の借用を頼む。借用依頼の手紙には「弟子　最澄」と記している。さらに最澄は、弟子を引き連れて空海のもとを訪れ、灌頂を授かる。こうして最澄は、密教において正式に空海の弟子となるのだった。

最澄と空海は数年間良好な関係を続けていたが、次第に疎遠になっていく。その理由として、空海のもとで学ばせていた最澄の愛弟子が比叡山に戻らなかったことや、密教の重要経典である『理趣経《りしゅきょう》』の借用を空海に断られたことなどが挙げられている。また、前述の「円密一致」「顕劣密勝」(155ページ参照)という二人の密教に対する見解の違いもあったのかもしれない。

## 天台密教を完成させたのは

最澄没後、弟子たちに残された大きな課題は密教の充実だった。没後二年目の弘仁《こうにん》十五年(八二四)には、二十一人の天台僧が空海の門を叩《たた》くなど研鑽を積んでいるが、一日も早く真言宗に頼らない天台宗独自の密教を確立する必要があった。

天台密教の充実に大きく貢献したのは、三世座主の慈覚大師円仁と、五世座主の智証《ちしょう》大師円珍《だいしえんちん》(八一四〜八九一)だ。

円仁は中国(唐)に渡って十年間滞在するのだが、二つの大きな功績がある。一つは五台山(現在の山西省《さんせいしょう》東北部)の「五会念仏《ごえねんぶつ》」を伝えたことだ。音曲《おんぎょく》的な念仏で「山の念仏」

といわれ、現在の天台声明《しょうみょう》はここに始まる。

そして、もう一つが最新の密教を伝えたことだ。空海が修めた胎蔵・金剛界の両部の灌頂に加え、日本にはまだ伝わっていなかった『蘇悉地経《そしつじきょう》』による灌頂も授かって帰国。密教経典の解釈を天台教学との調和をはかりながら展開し、これが天台密教の特色となった。

円珍は中国で六年間の修行を積み、三部（大日経《だいにちきょう》・金剛頂経《こんごうちょうきょう》・蘇悉地経）による伝法灌頂を授かる一方、天台教学と密教教学の膨大な典籍を持ち帰り、天台密教をさらに充実させた。

こうして天台密教は真言密教と肩を並べ、朝廷や貴族にも歓迎されるのだが、「円密一致」の立場をとる天台宗において、その時点では密教の位置づけが理論化できていなかった。

それを理論化したのは、円仁の弟子の安然《あんねん》（八四一?～九一五?）である。

安然は、法華円教を根底に置き、「密教は顕教とは別次元の絶対真理であり、密教と顕教は同価値である」として「円密一致」の立場をとっていることを強調した。

## 比叡山が「おみくじ」発祥の地だった?

比叡山中興の祖として知られる十八世座主の慈恵大師《じえだいし》良源《りょうげん》（九一二～九八五）は、「おみくじ」の創始者とされている。良源は正月三日に没したので、「元三大師《がんざんだいし》」とも呼ばれている。

良源は加持祈祷にすぐれ、多くの霊験譚《れいげんたん》を残している。たとえば、村上天皇の后《きさき》となった安子《あんし》のために皇子《みこ》誕生を祈願し、生まれたのが冷泉《れいぜい》天皇だ。また、その弟の円融《えんゆう》天皇の病気を平癒させたとも伝わる。

評判を聞いて、良源のもとには大勢の人々が願いごとを抱いて訪ねてきた。そこで良源は観音菩薩に祈願して、百枚の偈文《げもん》（経文）を授かり、相談者の願いごとの内容から一枚の偈文を引いて回答を導き出した。これが「おみくじ」の発祥となる。良源ゆかりの元三大師堂（四季講堂）のおみくじは「観音籤《くじ》」といわれ、現在も相談ごとを紙に書き、僧侶に読経してもらったのち、説明を受けてから渡してくれるという伝統が受け継がれている。

また、良源は人々を災いから守る「角大師《つのだいし》」として知られる。疫病が流行ったときに疫病神退散を祈願し、良源が鏡の前で止観（坐禅）すると角の生えた鬼の姿となり、疫病神は逃げ去ったとされる。弟子がその姿を描いたものが角大師の護符になったといわれる。魔を滅する意味と、観音菩薩が三十三の姿に変化《へんげ》して人々を災いから救ってくれることから、豆のように小さな三十三の大師を描いた「豆大師」の護符もつくられた。

平安時代中期以降、平安貴族の時代になると、比叡山にも貴族の子弟が入山するようになり、風紀が乱れてきていた。良源は綱紀粛正《こうきしゅくせい》をはかり、また教学制度の確立などの改革を成し遂げたことでも知られる。

## 日本人の浄土観や地獄観に大きな影響を与えた書

良源の門下は三千人といわれ、多くの弟子を残した。そのなかでとりわけ有名なのは、『往生要集《おうじょうようしゅう》』を著した源信《げんしん》（九四二〜一〇一七）だ。

大和国（奈良県）に生まれた源信は、信心深い母の影響により九歳で比叡山にのぼり、良源の門下に入った。入門当初から学識にすぐれ、早くから良源に認められていたという。三十三歳という若さで朝廷の内供奉十禅師の一人に選ばれたほどである。

ところが四十歳を前にして突如、表舞台から姿を消し、比叡山横川地区の僧房に隠棲して浄土教の研究に没頭する。隠棲のいきさつについては、興味深いエピソードが『今昔《こんじゃく》物語』や鴨長明《かものちょうめい》の『発心集《ほっしんしゅう》』にある。

源信は十五歳頃に冷泉院中宮《れいぜいいんちゅうぐう》に召され、下賜された供物を故郷の母親に届けた。すると母は「そのような名利を求めるために、おまえを仏門に入れたのではない。真の仏道を究め、聖者《しょうじゃ》といわれるような人になり、私の菩提を弔ってほしかったのだ」と戒めた。それ以来、ますます勉学に励み、『往生要集』を書き上げた源信は世俗を避けて横川の僧房に籠もるのだった。真偽のほどは確かではないが、源信の人となりを物語るエピソードとして知られる。

『往生要集』は、日本人の浄土観や地獄観に大きな影響を与えた。十巻構成で、恐ろしい地獄のありさまに対比させて極楽浄土の素晴らしさを語り、極楽浄土に往生する方法をわかりやすく解説した。『往生要集』は比叡山のみならず、貴族社会にも大きな影響を与えた。また、絵解き本もつくられ、民衆にもひろまった。

念仏には「観想念仏」と「称名念仏」があることは、すでに述べたとおり。源信は阿弥陀仏の来迎《らいごう》を思い浮かべる観想念仏を重視したが、それと同時に、誰にでもできる称名念仏をひろく認知させたことで、のちに称名念仏によって開宗する融通《ゆうずう》念仏宗の良忍《りょうにん》、浄土宗の法然《ほうねん》、浄土真宗の親鸞《しんらん》らに大きな影響を与えた。

## 比叡山を再興させた天台僧・天海とはどんな人物?

信長による焼き討ちで焦土と化した比叡山を本格的に再興させたのは、江戸時代初期の慈眼大師天海《じげんだいしてんかい》（一五三六？～一六四三）である。徳川家康・秀忠・家光の三代にわたって信任を受け、ブレーンとして朝廷との交渉役や幕府の宗教政策を担った。

天海の出自には不明な点が多く、足利将軍の子であるという説や明智光秀その人であるという説まである。有力なのは陸奥国《むつのくに》高田（現在の福島県大沼郡会津美里町《あいづみさとまち》）出身説だ。

十一歳で出家した天海は、諸国遍歴ののち、比叡山や園城寺などで学んだ。その後、慶長《けいちょう》十二年（一六〇七）に江戸城内で行われた論議で家康に認められ、頭角を現す。家康から比叡山復興を命じられて比叡山に入り、荒廃していた諸堂の再建に力を尽くした。

また、家康の命《めい》を受けて武蔵国仙波《むさしのくにせんば》（現在の埼玉県川越市）の喜多院《きたいん》を再興し、関東天台宗総本山とし、天海はその全権を任された。さらに寛永寺《かんえいじ》（東京都台東区上野）を開き、「東叡山《とうえいざん》」の山号をつけて徳川将軍家の祈祷所とした。

比叡山再興と関東に天台宗を根づかせたことが天海の大きな功績だが、日本で最初の大蔵経である「天海版一切経《いっさいきょう》」を開版するなど、天台教学の振興、教団の充実にも大きく貢献した。

＊

「一隅《いちぐう》を照らす、此《こ》れ則《すなわ》ち国の宝なり」――最澄の主著である『山家学生式《さんげがくしょうしき》』の冒頭にある言葉だ。「今あなたがいるその場所で自身を輝かせ、まわりを明るく照らす人こそが国の宝なのである」という意味だ。最澄が天台宗を開くにあたり、人々を幸せへ導くために「一隅を照らす国宝的人材」を養成したいという熱い想いを表した。

一隅の輝きが全国に広がり、国全体が明るくなれば、やがて国は繁栄し、人々は幸せに生きられる。この国に住む一人ひとりが、自分の持てる能力を発揮することが、平和で明るい社会の実現につながることを最澄は主張している。

### ▼天台宗のしきたり

・**住職の呼び方**——「ご住職」「和尚《かしょう》」など。高僧は「阿闍梨《あじゃり》」
・**葬儀の意味**——故人との別れを惜しみ、冥福（死後の幸せ）を祈る儀式
・**葬儀の特徴**——密教儀礼（光明供《こうみょうぐ》）と顕教儀礼（法華懺法《ほっけせんぽう》あるいは例時《れいじ》作法）によって営まれる。密教儀礼である光明供は、さまざまな印を結び、光明真言をとなえる法要。顕教儀礼では懺悔文《さんげもん》をとなえ、阿弥陀仏に故人の浄土往生を願う
・**焼香**——焼香の回数にとくに決まりはない
・**香典の表書き**——通夜・葬儀では「御霊前《ごれいぜん》」、法事では「御仏前《ごぶつぜん》」、通夜・葬儀・法要共通では「御香典」など
・**卒塔婆**——立てる
・**お墓**——（墓石の正面は）「南無阿弥陀仏」など。「○○家（先祖代々）之墓」の場合は、文字の上に阿弥陀仏を意味する𑖮𑖿𑖨𑖱𑖾《キリーク》、あるいは大日如来を意味する梵字の𑖀《ア》を刻む

# 第七章　臨済宗ではなぜ「禅問答」を重視するのか？

## ダメ出しの「喝！」は臨済宗が由来？

野球解説者の張本勲氏が、某テレビ番組で一週間のスポーツ界の出来事に対して、「喝《かつ》！」といってダメ出しをするコーナーが人気だ。かなり強引な一喝には賛否両論あるが、スッキリ爽快な気分になる視聴者も多いのだろう。実は、この「喝」は中国の禅宗に由来し、「臨済の喝」は最も有名だ。

中国禅宗は六世紀前半に菩提達磨（94ページ参照）を初祖として始まったが、七世紀に「北宗禅《ほくしゅう》」と「南宗禅《なんしゅう》」に分かれ、北宗禅は衰退して南宗禅が主流となる。中国禅は時代を経てさらに分派し、日本臨済宗の開祖栄西（一一四一～一二一五）が中国へ渡った頃には「五家七宗」と呼ばれる各派に分かれていた。臨済宗はその一つで「黄龍派《おうりょう》」と「楊岐《ようぎ》派」の二派があり、栄西は黄龍派の法系を受け継いでいる。その後、黄龍派は衰退し、栄西以降、日本にもたらされた臨済宗はすべて楊岐派の法系である。ちなみに日本では、栄西が京都に開いた臨済宗建仁寺派《けんにんじ》も、鎌倉時代中期、中国禅僧で楊岐派の法系を受け継ぐ蘭渓道隆《らんけいどうりゅう》が住職となったことから、栄西が受け継いだ黄龍派の法系は途絶えている。

ところで、栄西の読みは「えいさい」か「ようさい」か――。一般的には「えいさい」と呼ばれているが、臨済宗では「ようさい」と呼ぶ。栄西が中国へ渡った当時の宋《そう》時代の発音では「ようさい」だったからだとされる。栄西は中国で師事した虚庵懐敞《きあんえしょう》から「明庵《みんなん》」という道号《どうごう》（字《あざな》）を授かった。したがって、臨済宗では「明庵栄西《みんなんようさい》」と呼ぶのが正式だ。

さて、中国臨済宗は「喝の臨済」として知られる臨済義玄《りんざいぎげん》（？～八六七）を宗祖とする。臨済の峻烈《しゅんれつ》な一喝を浴びた者は百もの雷に打たれたごとく茫然《ぼうぜん》自失したと伝えられる。臨済の大悟《たいご》（さとりを得たこと）のエピソードは、のちの「喝の臨済」誕生を彷彿《ほうふつ》させる。

臨済は二十歳で黄檗希運《おうばくきうん》（生没年不詳）に師事し、厳しい修行に明け暮れるも、三年が経ちながら、さとりが得られないでいた。生真面目な修行僧だった臨済は思いつめ、師の黄檗に「仏教の極意は何か」と問うや、黄檗は臨済を何度も棒で打ちつけて道場から追い出す。それが三度続いた。臨済はとうとう修行を断念し、黄檗に別れを告げに行くと、「大愚和尚《たいぐおしょう》を訪ねよ」といわれる。

臨済は大愚を訪ねた。そして事の経緯を話すと、大愚は「黄檗禅師はなんと親切なことか。老婆が孫を可愛がるようにヘトヘトになって教えているのに、おまえはそれに気がつかないのかっ！」と一喝。臨済はその瞬間、心の目を開いて大悟する。臨済は、仏教を頭で理解しようとしていた自分に気づいたのだった。

臨済は黄檗のもとに戻るや、黄檗を一喝。これによって印可《いんか》（さとりを得た証《あかし》）を授かる。大悟ののちも黄檗のもとで修行を続け、臨済禅を確立する。

「殺仏殺祖《さつぶつさっそ》」（仏に遭っては仏を殺し、祖師に遭っては祖師を殺す）という臨済の言葉は、「既成概念を捨て、徹底して自己を見つめよ」という意味だ。そして「殺すに殺せない絶対自己を根底に置いて、随処に主となれ」――すなわち、臨済の一喝は「どのような場合でも何ものにも束縛されず、主体性を持って行動せよ」と教える。

臨済のこうした教えは『臨済録《りんざいろく》』に示され、禅宗の最も高い到達点といわれる。

## 「禅問答」にはなぜ答えがないのか

一般には話がかみ合わないことを「禅問答のようだ」と揶揄《やゆ》する。落語に「こんにゃく問答」という演目があるが、にわか住職となったこんにゃく屋の主人と本物の禅僧との滑稽な「禅問答」を描いたおなじみの一席だ。

臨済宗の修行では、その禅問答が大真面目に繰り広げられる。世俗の知識や分別を捨てさせ、〝さとりの目〟を養わせることが目的であるため、禅問答は頭で理解できるものではない。〝話を看《み》る禅〟ということから「看話禅《かんなぜん》」という。修行僧は、師僧から与えられた一つの課題（公案《こうあん》）を四六時中考え抜いて、自分なりの答えを導き出す。

中国禅宗においても宋時代になると、なかなかさとりを得ることができない僧たちが増えてきた。そのため、さとりへ導くための教育課題が必要となり、唐《とう》時代の馬祖道一《ばそどういつ》・百丈《ひゃくじょう》慧海《えかい》・黄檗希運・臨済義玄など優れた禅僧のさとりの体験をまとめた。これが公案集で、代表的なものには『臨済録』『碧巌録《へきがんろく》』『無門関《むもんかん》』などがある。

「臨済宗中興の祖」と称される白隠《はくいん》（183ページ参照）は、坐禅と公案による修行の体系化をはかった。白隠は古則《こそく》公案を整理しただけでなく、独自の公案を創り出し、修行僧が段階を踏んで、さとりに至る教育方法を確立した。

次に代表的な公案をいくつか紹介する。解答はない。公案は頭で考えるものではなく体現するものなので、ここで解説することに宗教的な意味はないが、修行僧が答えを求めて懊悩《おうのう》することだけは理解できるだろう。

「隻手音声《せきしゅのおんじょう》」（白隠創始）……両手を打ち合わせれば音がする。では片手ではどんな音がするのか。

「趙州《じょうしゅう》無字《むじ》」（『無門関』第一則）……高僧の趙州に、ある僧が聞いた。「犬にも仏性《ぶっしょう》（仏と変わらない心）はあるでしょうか」と。趙州は「無《む》」と答えた。

「乾屎橛《かんしけつ》」（『無門関』第二十一則）……高僧の雲門《うんもん》に、ある僧が尋ねた。「仏とはどのようなものでしょうか」。雲門は答えた。「乾いた糞《くそ》かきベラだ」

「放下著《ほうげじゃく》」（『従容録《しょうようろく》』）……趙州に厳陽《げんよう》が尋ねた。「何も持っていないときはどうしたらよいのでしょうか」。趙州はいった。「捨ててしまえ」。「何も持っていないのに、何を捨てろというのですか」。それを聞いた趙州は「ならば、担いでいけ」と答えた。

## あらゆる仏を本尊とする理由

臨済宗は、坐禅によってさとりを得る「見性成仏《けんしょうじょうぶつ》」の体験――すなわち、自己が本来持っている仏性《ぶっしょう》の自覚を重視するため、特定の本尊をたてない。これは臨済宗に限らず、ほかの禅宗宗派でも同様だ。さらにいえば、大乗仏教は「一切衆生《いっさいしゅじょう》　悉有仏性《しつうぶっしょう》」（命あるものは悉《ことごと》く、生まれながらにして仏性をそなえていること）を大前提としているため、臨済宗でもあらゆるものを仏と見て、諸尊諸仏のすべてが本尊となり得る。
ただ、強いて本尊を一つだけ挙げるならば、仏教の開祖である釈迦牟尼仏《しゃかむにぶつ》（釈迦如来《にょらい》）だが、臨済宗はその寺院の縁に応じて本尊としていることが多い。薬師《やくし》如来、大日《だいにち》如来、観音菩薩《かんのんぼさつ》を本尊とする寺院も見かける。

本尊の形式もさまざまで、よく知られているのが「三世仏《さんぜぶつ》」だ。現世の大恩教主である釈迦牟尼仏を中心に、向かって左に来世（浄土）の救世主である阿弥陀仏《あみだぶつ》（阿弥陀如来）、右に未来にこの世に現れる救世主である弥勒《みろく》菩薩をまつる。また釈迦牟尼仏の両脇に、釈迦の高弟である摩訶迦葉《まかかしょう》と阿難陀《あなんだ》をまつる「三尊仏」の形式もある。あるいは、釈迦牟尼仏の脇侍《きょうじ》として中国禅宗初祖菩提達磨や、中国臨済宗の宗祖臨済義玄、日本の臨済宗本山の開山禅師や開基《かいき》（寺院建立の請願者）をまつることもある。

## 栄西の中国留学は禅を学ぶためではなかった

中国臨済宗を日本に伝えた栄西は、平安時代末期の永治《えいじ》元年（一一四一）、備中国《びっちゅうのくに》（岡山県西部）に生まれた。父は吉備津《きびつ》神社（岡山市）の神官だったと伝わる。栄西は幼少の頃から父に仏教を教わっていた。当時は神仏習合だったので、神官が仏教に通じているのは珍しいことではなかったようだ。

十九歳のときに比叡山で本格的な修行生活に入るのだが、その頃の比叡山は世俗化しており、僧侶の戒律は乱れ、権力争いに明け暮れていた。そうした姿を目の当たりにした栄西は、宗祖最澄《さいちょう》の開宗当初の理念を今一度思い起こし、中国天台宗発祥の地である天台山《てんだいさん》(現在の浙江省《せっこうしょう》東部)で学ばなければならないと留学を決意する。

仁安《にんなん》二年(一一六七)、栄西は九州へ向かう。筑前国博多津《ちくぜんのくにはかたのつ》(現在の福岡県博多港)で、中国へ向かう商船を待つのだ。交渉がまとまって港を出るのは翌年、二十八歳のときだった。

念願かなって中国に渡った栄西は、意気揚々と天台山にのぼった。ところが天台山は、中国で隆盛していた禅宗の道場に変わり、天台教学の面影はなかった。大志を抱いての留学であったが、さしたる収穫を得ることなく、わずか五カ月で帰国する。

再留学が実現するのは、失望を抱えて帰国してから約二十年後の文治《ぶんじ》三年(一一八七)のことで、四十七歳になっていた。栄西は中国を経由して天竺《てんじく》(インド)を目指そうとした。ところが、中国は蒙古(モンゴル帝国)の侵略によって西域への国境が閉ざされていたのである。目標を見失った栄西は天台山を訪ねてみる。二十年前と同じく禅宗の道場が立ち並んでいたが、ここで万年寺《まんねんじ》の虚庵懐敞《きあんえしょう》に出会うのだ。懐敞は臨済宗黄龍派の正統を嗣ぐ高僧である。

懐敞は、天台教学の目指すさとりと禅のそれは変わるところがないことを説き、禅の教えに聞き入った栄西は、天台教学と禅は互いに共鳴していることを確信。懐敞を師として万年寺で本格的に禅修行を始めるのだった。その間、懐敞が天童山景徳寺《てんどうざんけいとくじ》（現在の浙江省寧波市《ねいはし》）に移るが、栄西も師に従った。修行を積むこと四年。さとりを得て、懐敞から印可を受ける。こうして栄西は、臨済宗黄龍派の正統を嗣ぎ、建久《けんきゅう》二年（一一九一）、五十一歳で帰国する。

## なぜ朝廷は「禅宗布教禁止令」を発布したのか

日本で初めての臨済禅の道場は、帰国船が着いた肥前国《ひぜんのくに》平戸（現在の長崎県平戸市）に建てられた。地元の有力者が小院（冨春庵《ふしゅんあん》。千光寺《せんこうじ》の前身）を提供し、ここで禅規（禅宗道場の生活規則）に基づいた修行生活を行った。また、中国から持ち帰った茶種を畑に蒔《ま》いた。平戸には「冨春庵　日本禅宗発祥之地」「冨春庵　日本最初之茶園」という記念碑が建つ。

栄西は九州各地を行脚し、臨済禅が北九州一帯にひろまっていくにつれ、京都での布教の機会をうかがった。ところが、禅宗の興隆をよしとしない地元の僧や比叡山の訴えがあり、建久五年（一一九四）、朝廷は禅宗布教禁止令を発布する。比叡山などの既成仏教勢力は禅宗を好ましからざる存在として迫害した。

栄西は建久九年（一一九八）までに禅宗の正統性を主張するため『興禅護国論《こうぜんごこくろん》』を著し、時の関白九条兼実《くじょうかねざね》に呈上する。この書は、わが国最初の禅の思想書として価値が高い。内容は、禅宗が正法である根拠と、末法《まっぽう》の時代を乗りきるための実践方法を述べている。禅宗を布教する目的は、天台宗の復興と鎮護国家にあると主張。さらに、五十年後には禅宗が盛んになるだろうと予言した。この予言は的中し、鎌倉時代中期以降、禅宗は興隆する。

## 「大げさ」の語源は禅僧のファッション？

『興禅護国論』を朝廷に呈上したものの、比叡山からの圧力もあり、禅宗の布教公認はなかなか認められなかった。そこで栄西は幕府にはたらきかけることにして、鎌倉に向かう。当時は幕府が動き始めて間もない頃で、新興階級の武士たちも新しい文化や宗教を求めていた。精神の安定と統一をはかる坐禅は、常に死と直面する武士の精神修養にもつながる。

幕府なら禅宗の後ろ盾になってくれるのではないかと考えたのである。

栄西の名はすでに高僧として知れ渡っている。幕府に招かれると、二代将軍 源 頼家《みなもとのよりいえ》や、その母である北条 政子《ほうじょうまさこ》の帰依を受け、鎌倉の武士たちに禅をひろめていく。栄西が、初代将軍頼朝《よりとも》の一周忌法要（一二〇〇年）という幕府の最重要法要の導師を務めたことからも、いかに重用されていたかがわかる。鎌倉に下って三年後の建仁二年（一二〇二）、栄西は頼家から京都鴨川近くの幕府の直轄地を寄進され、そこに建仁寺を創建。念願だった京都帰還を果たす。

建仁寺は、頼家から朝廷への申請によって、天台・真言・禅の三宗兼学道場として比叡山延暦寺の末寺に公認されるが、これは栄西の提案だったともいわれる。禅宗の布教活動をするためには比叡山と折り合いをつける必要があることから、最善策と考えたのだろう。末寺に連なったとはいえ、京都において禅院を公認させたことは、日本仏教界において画期的なことだった。

だが布教は公認されたものの、禅宗はまだまだ京都の人々になじんでいなかった。建仁寺の禅宗様（唐様《からよう》）建築、そして禅僧が着用していた異国風の袖《そで》の大きな袈裟《けさ》にも人々は違和感をいだいたのだろう。そんな状況下において元久《げんきゅう》二年（一二〇五）春、京都の町に大風が吹き荒れたときのことだ。

「この風は栄西がもたらした禅宗のせいだ。禅僧の袈裟の袖はむやみに大きく、その大袈《おおげ》裟《さ》のために大風が吹き荒れたのだ。禅僧を都の外へ追放すべきだ」

人々はそう言って騒ぎ出した。その声が朝廷に届き、禅僧を都から追放するという宣旨《せんじ》が下されたのである。もしこのとき、朝廷に対する栄西の〝切り返し〟がなければ、京都での禅宗はどうなっていただろうか。

朝廷の使いが建仁寺にやってきて宣旨を伝えると、栄西はこう切り返すのだ。

「風は天の気、つまり風神のなすところである。どうして私が自由に扱うことができるのでしょう。もし私が風神でもないのに、風を吹かせるほどの徳があるのならば、帝《みかど》は私をお見捨てになることはないでしょう」

それを伝え聞いた後鳥羽《ごとば》上皇は大いに納得し、建仁寺は官寺として認められることになったと言われる。

ちなみに「大袈裟《おおげさ》」という言葉は、禅僧が大きな袈裟を掛けて京都の町を歩き、その物言いも大仰《おおぎょう》だったことから、禅僧を非難する意味で生まれた言葉とされている。

## 茶道は臨済宗の禅院から生まれた

鎌倉幕府の史書『吾妻鏡《あづまかがみ》』の建保《けんぽう》元年（一二一四）二月の項に、三代将軍　源　実朝《みなもとのさねとも》が二日酔いの折、栄西から一服の茶とともに『喫茶養生記《きっさようじょうき》』が献上されたことが記されている。実朝がその茶を飲んだところ二日酔いが癒《い》えたとする。

栄西は中国から茶種を持ち帰り、栽培法や茶の効用などを伝えた。これによって「茶祖」として知られるが、じつは茶種も喫茶の文化もそれより四百年前、最澄が日本に持ち帰っている。このことから、比叡山では最澄の忌日法要「山家会《さんげえ》」に現在も茶をそなえ、最澄が持ち帰った茶種を栽培している茶園の新茶を用いて、真影《しんえい》（肖像画）の前で作法に則って献茶が行われる。それでも栄西が茶祖として知られているのは、『喫茶養生記』を著して茶の効用を日本で初めて紹介し、日本人に茶を飲む習慣を根づかせたからだろう。

禅院における喫茶は修行の一環だ。「茶礼《されい》」と呼ばれ、とくに臨済宗では重視される。建仁寺では毎年四月二十日、開山栄西禅師降誕会《ごうたんえ》で古式に則って「四《よ》つ頭茶礼《がしらされい》」が行われる。

禅文化が花開いた室町時代、茶道が誕生するのも臨済宗の禅院である。京都の大徳寺《だいとくじ》で一休宗純《いっきゅうそうじゅん》（179ページ参照）に参禅していた村田珠光《じゅこう》が、茶と禅は人間形成という根本精神からみれば一体である（茶禅一味《ちゃぜんいちみ》）という境地に達し、精神性を強調した「侘茶《わびちゃ》」

を創始した。その後、千利休《せんのりきゅう》が「茶の湯」の儀礼を定め、茶道を確立した。

## 枯山水庭園、水墨画……禅文化がひろまった背景

鎌倉時代中期から室町時代が、臨済宗の隆盛期にあたる。禅僧たちが大陸から運んできた新しい禅文化は、武家社会と日本文化に深く根を下ろしていくが、その要因となったのは鎌倉末期に始まった「五山十刹《ござんじっさつ》制度」である。中国南宋時代の寺院の階級制度に倣《なら》って鎌倉幕府が定めた官寺制度で、五山（五つの大寺）を中心に、その下に十刹（十カ寺）、さらに諸山と、寺格を三階級に分けた。

当初は鎌倉五山が定められた。その後、室町幕府となり、三代将軍足利義満《あしかがよしみつ》によって鎌倉と京都のそれぞれに五山が定められた。五山の寺格は時代によって改定される。また、南禅寺《なんぜんじ》（京都市左京区）は「別格五山之上《ござんのうえ》」として別格扱いとされた。

鎌倉・室町幕府が臨済宗寺院を保護したのは、禅思想の具現化を求めたからにほかならない。具体的には中国の先進文化を取り入れて、漢詩文・水墨画・庭園・建築などさまざまなジャンルで開花した。

五山文化の中心をなしたのは、さとりの心境を漢詩文に託して表現する「五山文学」だっ

た。中国禅僧の一山一寧《いっさんいちねい》（一二四七～一三一七）や竺仙梵僊《じくせんぼんせん》（一二九二～一三四八）が牽《けん》引《いん》した。彼らは鎌倉の建長寺《けんちょうじ》や京都の南禅寺で指導し、五山文化に大きな足跡を残した。

日本人僧で五山文化をリードしたのは、京都に天龍寺《てんりゅうじ》（京都市右京区）を創建した夢《む》窓疎石《そうそせき》（一二七五～一三五一）だ。夢窓は〝石立僧《いしだてそう》〟といわれるように禅宗様庭園の作庭でも知られた。夢窓の作庭には天龍寺庭園をはじめ、西芳寺《さいほうじ》庭園（京都市西京区）、瑞泉《ずいせん》寺《じ》庭園（神奈川県鎌倉市）、恵林寺《えりんじ》庭園（山梨県甲府市）などがある。

禅宗様庭園でとくに有名なのは、水を用いず、石や白砂によって池や川の流れなどを表現した「枯山水《かれさんすい》庭園」で、これは夢窓によって創り出されたものだ。龍安寺《りょうあんじ》（京都市右京区）の石庭に代表されるように、簡素に石や白砂だけで自然や宇宙を表している。白砂を敷き詰めて水面《みなも》に見立てた庭に、箒目《ほうきめ》で砂紋《さもん》を描いて水の流れを表現している。

夢窓は門下一万三千人といわれるように、多くの優秀な人材を輩出した。文学僧では、春屋妙葩《しゅんおくみょうは》・絶海中津《ぜっかいちゅうしん》・義堂周信《ぎどうしゅうしん》ら、画僧では如拙《じょせつ》・周文《しゅうぶん》・雪舟《せっしゅう》らがいる。

## 臨済宗の高僧「一休さん」はどんな人？

「とんちの一休さん」として知られる一休宗純《いっきゅうそうじゅん》（一三九四～一四八一）は、室町時代の臨済宗の高僧だ。ただし、〝とんち〟については江戸時代初期につくられた『一休頓智《いっきゅうとんち》話《ばなし》』がもとになっていてフィクションである。少年時代の一休は、とても〝とんち〟をはたらかせるような軽妙な子供ではなかったようだ。

一休は、北朝第百代の後小松《ごこまつ》天皇のご落胤《らくいん》といわれる。母は南朝の高官の娘とされ、懐妊後に宮中を追われ、民家で一休を産んだという。六歳で出家し、十三歳で建仁寺に入る。当時の一休は、ひたすら物ごとを追究し、偽善俗悪を憎む真面目一途な少年だった。感受性も強かったようで、十七歳から師事した二人目の師である謙翁宗為《けんおうそうい》（？～一四一五）が病死したときは、途方に暮れて琵琶湖《びわこ》へ入水《じゅすい》自殺をはかっている。

自殺未遂は二十一歳のときで、この体験が一休の内面を大転換させた。禅では、修行者のさとりに到達する寸前のあがきに対して、「死にきれ」（大死）と教える。思慮、分別、執着をすべて吐き出し、なお捨て尽くして無我に至ったとき、内面に大転換を起こして「大活《だいかつ》」するというのだ。

決意を新たにした一休は、峻厳《しゅんげん》をもって知られる華叟宗曇《かそうそうどん》（一三五二～一四二八）に参禅。華叟のもとで厳しい修行を積み、二十七歳でさとりを得る。坐禅中に闇の中のカラスの声を聞いて突然、開悟《かいご》したという。師の部屋に入室してさとりの境地を告げたところが、

「おまえのさとりは羅漢《らかん》（小乗仏教の聖者《しょうじゃ》）の境界《きょうがい》であり、優れた禅者の境界ではない」と、華叟は冷然と突き放した。これに対して一休が「これが羅漢の境界で、本物の禅者のそれでないのなら、羅漢で結構、禅者を嫌うのみ」と切り返すと、華叟は膝《ひざ》を打って「おまえこそ真の禅者だ」と、一休のさとりを認めたのだ。

ところが一休は、華叟から授与された印可状（嗣法《しほう》の証明書）を焼き捨てたという。当時の臨済宗は嗣法自体が形骸化しており、印可状の授与はただの慣習となっていた。一休にはそれが許せず、「師など関係ない。自分のさとりは自身で証明すれば事足りる」という気概を示したのだった。

さとりを得たのちの一休は、真面目一途の禅僧から一変、天衣無縫《てんいむほう》の破戒僧となった。飲酒肉食《おんじゅにくじき》、女犯《にょぼん》を平然と行い、各地を流浪して民衆と交わった。そして自ら「狂雲《きょううん》」と号し、詩・狂歌・書画と風狂の限りを尽くした。これは権力や権威を批判する姿勢であり、退廃した禅宗界への警鐘でもあったのだろう。そんな姿勢は民衆から人気があったという。

一休は八十一歳で勅命により大徳寺の住職に任ぜられるが、一度も入寺しなかった。それでも、応仁《おうにん》の乱（一四六七～一四七七年）で焼失した大徳寺の復興は見事に成し遂げた。

## 戦国武将の参謀に臨済僧が多かった理由

鎌倉時代中期から室町時代にかけて「五山十刹制度」によって幕府の公認を得て繁栄した臨済宗だが、戦国時代になると戦国武将の参謀的な役割で活躍する禅僧が現れた。

それには理由がある。禅宗でもとくに臨済宗の僧は、一つの寺院に長く定住することは少なかった。各地を渡り歩いて修行したり、高僧になれば開山住職として招かれたり、しばらく住職を務めたのちに別の寺院に移ることも少なくなかった。また禅僧は、法要などで武将に招かれることも多く、各地を往来していた。そのため各国の最新の政治情報などを得ており、外交僧として国同士の交渉ごとに携わる僧もいた。

代表的な外交僧といえば、快川紹喜《かいせんじょうき》（?～一五八二）、安国寺恵瓊《あんこくじえけい》（一五三九?～一六〇〇）がいる。

快川は、臨済宗妙心寺派の高僧で甲斐《かい》武田氏の菩提寺である恵林寺《えりんじ》に住し、武田信玄《しんげん》の外交僧をしていた。信玄没後、武田氏を滅ぼした織田信長は快川を招聘《しょうへい》しようとするが、武田氏への義を重んじてこれを断る。怒った信長は恵林寺を焼き討ちし、快川は一山の僧たちとともに焼死する。このとき快川が残したといわれる「安禅《あんぜん》は必ずしも山水を須《もち》いず心頭《しんとう》を滅却《めっきゃく》すれば火も自ずから涼し」（心静かになるためには、必ずしも深山幽谷に入る必要はない。無心になれば、燃え盛る火さえも涼しい風である）という言葉はあまりにも有名だ。

安国寺恵瓊は毛利氏に仕えた外交僧で、秀吉の備中《びっちゅう》高松城攻めのときに和睦を結んだことで知られる。恵瓊は臨済宗東福寺《とうふくじ》派の僧である。

## 現在の禅修行の原型をつくった白隠とは

「臨済宗中興の祖」といわれる白隠《はくいん》（一六八五〜一七六八）は、江戸時代中期の高僧である。江戸時代の臨済宗は、中国禅僧の隠元隆琦《いんげんりゅうき》（一五九二〜一六七三）によって新たに伝えられた黄檗宗《おうばくしゅう》に押されて不遇の時代だった。臨済宗復活の足がかりをつくったのが白隠だ。

白隠が臨済宗の主流となったのは、坐禅と公案（さとりへ導くための教育課題）による修行の教育体系を完成させたことにあることは先に述べた。これにより、非凡な人間でなくても段階的に公案を工夫すれば、さとりの体験（見性成仏）に至れるようにしたのだ。

この教育体系が、現在の臨済宗のすべての修行道場の原型になっている。門下からは「四哲《してつ》」と呼ばれる優秀な弟子が出た。現在の臨済宗十四派はすべて、この白隠門下の法脈を嗣いでいる。

また白隠はわかりやすい禅画や和讃《わさん》（七五調の和歌）を創作し、禅の大衆化にもつとめた。寺院や家庭のおつとめでよく唱和される『坐禅和讃《ざぜんわさん》』（正式には『白隠禅師坐禅和讃』）は檀信徒にも馴染みのあるお経だ。禅の教えの真髄を七五調の和歌二十二行四十四句にまとめ、わかりやすく説かれている。これまでお経といえば、漢文で書かれているものだったが、その常識を打ち破った和語のお経により、禅の大衆化は一気にひろまっていく。

『坐禅和讃』の要点となる三句を抜粋して紹介しよう。

第一句「衆生《しゅじょう》本来仏なり」

第三十句「直《じき》に自性《じしょう》を證《しょう》すれば」

第四十四句「此《こ》の身即《すなわ》ち仏なり」

第一句は「命あるものは生まれながらにして仏性をそなえている」という大乗仏教の基本理念を説いている。そして第三十句と第四十四句で、「坐禅によって、水のように融通《ゆうずう》無碍《むげ》な本来の自己を自覚すれば、わが身がそのまま仏なのだとさとることができる」と教えてくれる。この三句だけで臨済宗の教えのすべてを表しているといえるだろう。

＊

日本で最初に禅宗を興した栄西は、機転が利き、政治的な駆け引きにも長けていた。京都で禅が弾圧を受けると、鎌倉へ向かい新しい文化や宗教を求めていた幕府の後ろ盾を得る。前述の「大袈裟」の切り返しも絶妙である。こうした時代の要請に応える現実主義が、後の臨済宗興隆の要因となった。

権力に近づかず深山幽谷で黙々と坐る曹洞宗に対し、権力者の支持を得て中国から数多くの名僧を招いた臨済宗。同じ禅宗といえども発展の過程は大きく異なった。

▼臨済宗のしきたり

・**住職の呼び方**――「ご住職」「和尚《おしょう》さん」「方丈《ほうじょう》さん」「ご老師《ろうし》」など

・**葬儀の意味**――故人との別れを惜しみ、冥福（死後の幸せ）を祈る儀式

・**葬儀の特徴**――導師が橋渡し役となり、故人をさとりの世界へ導くために「引導法語」をとなえる。最後に強い声で「喝《かつ》」や「露《ろ》」などと一声し、松明を模した法具で円（完全なさとりを表す）を描く。これにより、故人に生への執着を捨てさせ、遺族にも故人への未練を捨てさせる

・**焼香**――焼香は一回が多い。抹香は額《ひたい》の前にささげてから香炉に入れる

・**香典の表書き**――通夜・葬儀では「御霊前《ごれいぜん》」、法事では「御仏前《ごぶつぜん》」、通夜・葬儀・法要共通で「御香典」など

・**卒塔婆**――立てる

・**お墓**――（墓石の正面は）「南無釈迦牟尼仏」など。「○○家（先祖代々）之墓」の場合は、文字の上に、禅のさとりの境地「空《くう》」を表す円相《えんそう》「○」を刻むこともある

## おもな参考文献（順不同）


『アジア仏教史 日本編Ⅲ・Ⅳ』（中村元・笠原一男・金岡秀友監修・編集／佼成出版社）
『お内仏のお給仕と心得』（菊地祐恭／東本願寺出版部）
『あなたの知らない 親鸞と浄土真宗』（山折哲雄監修／洋泉社）
『空海と真言宗』（読売新聞社）
『あなたの知らない 空海と真言宗』（山折哲雄監修／洋泉社）
『別冊太陽 空海』（平凡社）
『最澄と天台教団』（木内堯央／教育社）
『あなたの知らない 最澄と天台宗』（山折哲雄監修／洋泉社）
『うちのお寺は 浄土宗』（わが家の宗教を知る会／双葉社）
『浄土宗の成立と展開』（伊藤唯真／吉川弘文館）
『図解雑学 浄土真宗』（千葉乗隆／ナツメ社）
『うちのお寺は 浄土真宗』（わが家の宗教を知る会／双葉社）
『浄土真宗聖典』（浄土真宗聖典編纂委員会編／本願寺出版社）
『信行必携』（日蓮宗編／日蓮宗新聞社）
『うちのお寺は 真言宗』（わが家の宗教を知る会／双葉社）
『知識ゼロからの 親鸞入門』（本多弘之監修／幻冬舎）
『禅宗の歴史』（今枝愛真／吉川弘文館）

『知識ゼロからの　禅入門』（ひろさちや／幻冬舎）
『禅の寺』（阿部理恵／禅文化研究所）
『うちのお寺は　曹洞宗』（わが家の宗教を知る会／双葉社）
『誰でもわかる法華経』（庵谷行亨／大法輪閣）
『伝教大師と天台宗』（塩入良道・木内堯央編／吉川弘文館）
『伝教大師と比叡山』（山田恵諦／ぎょうせい）
『図解雑学　道元』（中野東禅／ナツメ社）
『道元思想のあゆみ1～3巻』（曹洞宗宗学研究所編／吉川弘文館）
『あなたの知らない　道元と曹洞宗』（山折哲雄監修／洋泉社）
『うちのお寺は　天台宗』（わが家の宗教を知る会／双葉社）
『図解雑学　日蓮』（藤井寛清／ナツメ社）
『うちのお寺は　日蓮宗』（わが家の宗教を知る会／双葉社）
『日蓮宗小事典』（小松邦彰・冠賢一編／宝蔵館）
『あなたの知らない　日蓮と日蓮宗』（山折哲雄監修／洋泉社）
『日蓮宗の歴史』（中尾堯／教育社）
『日蓮と法華信仰』（読売新聞社）
『知識ゼロからの　日蓮入門』（渡辺宝陽監修／幻冬舎）
『日本宗教史Ⅰ』（笠原一男編／山川出版社）
『日本人の仏教史』（五来重／角川選書）

『日本の仏教を知る事典』（奈良康明編著／東京書籍）
『日本仏教宗派のすべて』（大法輪閣）
『日本仏教史』（末木文美士／新潮文庫）
『念仏のこころ　蓮如と本願寺教団』（読売新聞社）
『仏教おもしろ小百科』（春秋社編集部遍／春秋社）
『仏教概論』（櫻井秀雄・大山興隆監修／曹洞宗宗務庁）
『仏教宗派がよくわかる本』（永田美穂監修／ＰＨＰ研究所）
『仏教宗派の常識』（山野上純夫・横山真佳・田原由紀雄／朱鷺書房）
『知識ゼロからの　仏教入門』（長田幸康／幻冬舎）
『図解雑学　法然』（伊藤唯真監修・山本博子著／ナツメ社）
『法然上人とその門流』（浄土宗総合研究所編／浄土宗）
『あなたの知らない　法然と浄土宗』（山折哲雄監修／洋泉社）
『名僧たちの教え』（山折哲雄・末木文美士編著／朝日選書）
『門徒もの知り帳上・下』（野々村智剣・仏教文化研究会編／法蔵館）
『うちのお寺は　臨済宗』（わが家の宗教を知る会／双葉社）
『臨済宗史』（玉村竹二／春秋社）
『あなたの知らない　栄西と臨済宗』（山折哲雄監修／洋泉社）

# 青春新書
***INTELLIGENCE***

こころ涌き立つ「知」の冒険

## いまを生きる

“青春新書”は昭和三一年に――若い日に常にあなたの心の友として、その糧となり実になる多様な知恵が、生きる指標として勇気と力になり、すぐに役立つ――をモットーに創刊された。

そして昭和三八年、新しい時代の気運の中で、新書“プレイブックス”にその役目のバトンを渡した。「人生を自由自在に活動《プレイ》する」のキャッチコピーのもと――すべてのうっ積を吹きとばし、自由闊達な活動力を培養し、勇気と自信を生み出す最も楽しいシリーズ――となった。

いまや、私たちはバブル経済崩壊後の混沌とした価値観のただ中にいる。その価値観は常に未曾有の変貌を見せ、社会は少子高齢化し、地球規模の環境問題等は解決の兆しを見せない。私たちはあらゆる不安と懐疑に対峙している。

本シリーズ“青春新書インテリジェンス”はまさに、この時代の欲求によってプレイブックスから分化・刊行された。それは即ち、「心の中に自らの青春の輝きを失わない旺盛な知力、活力への欲求」に他ならない。応えるべきキャッチコピーは「こころ涌き立つ“知”の冒険」である。

予測のつかない時代にあって、一人ひとりの足元を照らし出すシリーズでありたいと願う。青春出版社は本年創業五〇周年を迎えた。これはひとえに長年に亘る多くの読者の熱いご支持の賜物である。社員一同深く感謝し、より一層世の中に希望と勇気の明るい光を放つ書籍を出版すべく、鋭意志すものである。

平成一七年　　刊行者　小澤源太郎

著者紹介

向谷匡史〈むかいだに ただし〉

1950年、広島県呉市生まれ。作家。僧侶。拓殖大学卒業後、週刊誌記者などを経て現職に。保護司、日本空手道「昇空館」館長の顔も持つ。政治家から仏教まで、幅広いジャンルで人間社会を鋭くとらえた観察眼と切れ味のよい語り口には定評がある。2006年に僧籍を取得(浄土真宗本願寺派)。主な著書に『名僧たちは自らの死をどう受け入れたのか』(小社刊)、『良寛　清貧に生きる言葉』(青志社)、『親鸞の言葉～明日を生きる勇気』(河出書房新社)、『心の清浄をとりもどす名僧の一喝』(すばる舎)など多数。

浄土《じょうど》真宗《しんしゅう》ではなぜ
「清《きよ》めの塩《しお》」を出《だ》さないのか

青春新書
INTELLIGENCE

2017年8月15日　第1刷

著　者　向《むかい》谷《だに》匡《ただ》史《し》

発行者　小澤源太郎

責任編集　株式会社プライム涌光
電話　編集部　03(3203)2850

発行所　東京都新宿区若松町12番1号 〒162-0056　株式会社青春出版社
電話　営業部　03(3207)1916　振替番号　00190-7-98602

印刷・中央精版印刷　製本・ナショナル製本

ISBN978-4-413-04518-6